PASTORES

AJUDA PARA O PASTOR,

EM PERIGO

ESPERANÇA PARA A IGREJA

JAIME KEMP

PASTORES

AJUDA PARA O PASTOR,

EM PERIGO

ESPERANÇA PARA A IGREJA

JAIME KEMP

PREFÁCIO: PR. ARY VELLOSO

© 2006 por Jaime Kemp

Revisão
Sônia Emilia Lopez Andreotti
Iara Vasconcellos
Carlos Augusto Pires Dias
Regina Aranha
João Guimarães

Capa
Douglas Lucas

Diagramação
Printmark Marketing Editorial

1ª edição - maio - 2006
Reimpressão - maio - 2010
Reimpressão - fevereiro - 2014
Reimpressão - janeiro de 2020

Gerente editorial
Juan Carlos Martinez

Coordenador de produção
Mauro W. Terrengui

Impressão e acabamento
Imprensa da Fé

Todos os direitos desta edição reservados à
Editora Hagnos
Av. Jacinto Júlio, 27
São Paulo - SP - 04815-160 Tel/Fax: (xx11) 5668-5668
hagnos@hagnos.com.br - www.hagnos.com.br

Dados Internacionais de Catalogação na Publicação (CIP)
(Câmara Brasileira do Livro, SP, Brasil)

Kemp, Jaime
Pastores em perigo / Jaime Kemp. – São Paulo: Hagnos, 2006

ISBN: 978-85-7742-256-2

1. Liderança cristã 2. Orientação espiritual 3. Pastores - Aconselhamento
I. Título

06-2301   CDD 253.2

Índices para catálogo sistemático:
1. Pastores : Orientações : Cristianismo   253.2

Editora associada à:

Dedico este livro a todos aqueles que têm
o chamado de Deus para o pastorado. Sendo um deles,
compreendo e atravesso os mesmos percalços.
Nesta caminhada tenho aprendido que mais importante
do que começar bem o ministério é terminá-lo bem.
Com isso em mente, foi com temor e tremor que preparei
este livro. Cada palavra aqui escrita foi, primeiramente,
dirigida a mim mesmo. Por isso, digo-as agora a você,
querido e querida colega, como desafio, alerta e incentivo
para que juntos, sob a mão Daquele que nos chamou,
possamos, de forma astuta e estratégica, perceber e
enfrentar os perigos que "tenazmente nos assediam".

Sumário

Prefácio 9

Introdução 11

1. A "santa" obsessão 13
2. Coragem 23
3. Homens de visão 33
4. Agenda: amiga ou inimiga? 43
5. Desqualificação 55
6. Um tirano a serviço de Deus 71
7. Amizade 85
8. Situação perigosa 97
9. Como isso pode acontecer? 109
10. Anorexia e bulimia 117
11. O evangelho da prosperidade 129
12. O pastor e seu espelho 139
13. Tradicionalismo x tradição 153
14. A supermulher ao seu lado 169
15. Liderança e inflexibilidade......................... 183
16. "... E agora, sob os refletores: seus filhos!" 195
17. Ministros da graça..................................... 211
18. Quando a alma está exausta........................223
19. Expectativas 233
20. "Muito bem, servo bom e fiel!" 243

Epílogo...251

Prefácio

Jaime Kemp percorreu o Brasil de norte a sul com o grupo "Vencedores por Cristo", fundado por ele em 1968. Com "Vencedores" teve a oportunidade de visitar muitos pastores e se hospedar em seus lares. Viu muitos deles sérios com Deus, desenvolvendo um trabalho digno do nome de Cristo. Viu também outros bem-intencionados, mas que por desconhecimento ou plena desobediência, quebravam princípios bíblicos e estavam recebendo, ou iam receber, dividendos vergonhosos.

Ele viu, de perto, pastores lutando por uma autorealização e, nesse processo, se esquecendo e negligenciando esposa e filhos. Viu também pastores com suas prioridades invertidas e por isso pagando um alto preço. Viu pastores possuídos de uma atitude dominadora e, por vezes, agindo como verdadeiros déspotas para com suas ovelhas, deixando-as humilhadas e sufocadas. Viu pastores tentados e, até, caindo e deixando atrás de si uma esposa traída e amargurada, filhos desolados e desorientados, afastados do evangelho, uma igreja dividida e totalmente desacreditada. Aliados a isso ficam sempre bairros e cidades com muitas razões para não dar valor algum ao próximo pastor. Sim, Jaime viu isso nos anos idos quando liderava o "Vencedores por Cristo".

Não fosse isso suficiente para autorizar o autor a escrever este livro, Jaime também já percorreu todo o território brasileiro inúmeras vezes por intermédio do Ministério "Lar Cristão", do qual é diretor. E, além disso, suas viagens a Portugal, África, Estados Unidos e Japão aumentam sua visão global e ampliam o conteúdo não só a nível doméstico.

São muitas, também, as cartas e e-mails que ele recebe semanalmente. Algumas cortam o coração, como o leitor verá em mais de um capítulo. São de esposas de pastores gritando por socorro. Naturalmente, seus nomes não são revelados, mas suas histórias têm sido trazidas para alertar aqueles que ainda não caíram, mas caminham perto demais do perigo!

Neste livro, Jaime Kemp levanta vários dos problemas que nós, pastores, enfrentamos e os ilustra a cores, por meio de testemunhos pessoais, histórias bíblicas, citações de cartas ou algo pertinente do mundo secular. Levantando e avaliando o problema, o autor sugere passos simples, lúcidos, diretos e bíblicos em busca da vitória.

Este não é um livro pessimista – é realista. Não é auto-ajuda - é apoio. E certamente poderá ser de benesse a todos os pastores e líderes que o lerem.

Para mim, pessoalmente, este livro é mais um recado divino do Pai, dizendo: "Querido pastor, tome cuidado!".

Ary Velloso
In memoriam

Introdução

Qualquer pastor ou líder que honestamente quiser ter uma idéia de como anda a igreja evangélica neste novo milênio precisará fazer uma avaliação com base em referenciais e diretrizes bíblicas.

E, se realmente desejar entrar em contato com essa realidade, deverá se dispor a primeiro obter uma cuidadosa visão introspectiva, pois como sabemos, a igreja é o reflexo de seu pastor. Quando uma mudança positiva acontece no rebanho, isso se deve ao fato da filosofia de ministério, e das prioridades pastorais terem sido modificadas.

PASTORES em PERIGO aborda vários fatores estressantes para o pastor, os quais emergem do abismo entre o que a igreja deveria ser e o que realmente é.

Tenho tido o privilégio e a honra de trabalhar ombro a ombro com muitos servos do Senhor. Tenho conversado, rido, chorado, aprendido, compartilhado com eles até que um dia me senti desafiado a escrever especificamente a essa liderança.

Nós, pastores, temos a missão de orientar, equipar e socorrer o rebanho. Temos também muitos "bebês" na fé aguardando alimento. O desafio é enorme! Existem pastores de mangas arregaçadas que estão prontos não só para "fazer os partos", mas também para alimentar os que estão crescendo, conduzi-los aos primeiros passos e à vida madura, quando esses mesmos estarão "aptos para a reprodução". Contudo, são muitos os que têm caído vencidos pelo cansaço e pelo desânimo. Outros ainda estão desistindo do ministério por fracassos morais e familiares, e ainda há os que se cansaram de ser abusados financeiramente por igrejas que não os valorizam concretamente, permitindo que eles e suas famílias cheguem a passar necessidade. Todos esses pontos são perigosos e podem conduzir a algum lugar entre depressão e o abandono de ministério.

Contudo, todos temos diante de nós um chamado, uma convicção, um desafio. E por intermédio deste livro quero conversar com meus colegas e fazer-me presente também. Gostaria de acrescentar que não me coloco na posição de "dono da verdade", mas venho com temor e tremor diante do Pai, para que juntos possamos nos encorajar e, segundo as palavras de Paulo, trabalhar "(...) com vistas ao aperfeiçoamento dos santos, para o desempenho do seu serviço, para a edificação do corpo de Cristo!" (Efésios 4.12).

Jaime Kemp

Um

A "SANTA" OBSESSÃO

"Os homens cobiçam, mas não sabem o quê; eles caminham, mas perdem a trilha de chegada; eles lutam e competem, mas esquecem o prêmio. Eles espalham a semente, mas se recusam a cuidar do solo nas devidas estações. Eles buscam poder e glória, mas perdem o significado da vida".

George Gilder

Há um ditado popular que diz: "A confissão é boa para a alma". Com base nessa frase quero abrir meu coração aos meus caros leitores e demonstrar como é possível, mesmo inconscientemente e sem intenção maldosa, passar por cima de pessoas amadas em nome da realização ministerial e da "expansão do 'reino' de Deus".

Nos primeiros onze anos de nosso ministério no Brasil, eu vivia ávido pelo sucesso no trabalho. Era o início da missão "Vencedores por Cristo", da qual eu era o idealizador e o diretor. Esse ministério tinha por objetivo treinar jovens líderes das igrejas e conduzi-los em viagens de treinamento pelo Brasil, formando equipes de evangelização e discipulado.

Minha esposa Judith, companheira sempre disposta a apoiar-me, apesar de termos duas filhas ainda pequenas e pouquíssimo dinheiro, tentava acompanhar o meu ritmo frenético.

Com certo remorso, recordo-me hoje de quantas e quantas vezes telefonei para ela de Salvador, Porto Alegre, Rio de Janeiro etc... nas horas mais impróprias possíveis, tipo seis da manhã, meia-noite, meio-dia, três da madrugada, dizendo apressado:

– Judith, sou eu. Tudo bem com vocês aí, querida? Olha, chegaremos a São Paulo a tal hora. Prepare o jantar para dez pessoas ou dê um jeito e arrume sete camas para a turma.

Se ela perguntasse:

– Mas como, Jaime?, ou: E o dinheiro? – a resposta certamente seria:

– Dê um jeito! (Para uma boa entendedora como ela: vire-se!).

E ela sempre dava o melhor de si e muito mais para procurar me ajudar em minhas "loucuras ministeriais".

Em 1977, porém, Judith caiu em depressão profunda que perdurou um ano e meio. Descobrimos algumas causas físicas, diagnosticadas e tratadas, mas eu, bem lá no fundo do meu coração, apesar dela nunca ter dito absolutamente nada, sinto que a arrastei em um redemoinho de atividades e problemas que excederam sua capacidade de suportar.

Sinceramente, se o tempo retrocedesse, eu teria mais cuidado com minha esposa, mãe de minhas filhas e procuraria também ter menos ativismo ministerial.

Infelizmente, eu não fui o único a cometer tal erro. Por sinal, um dos meus personagens bíblicos favoritos também se deixou enredar por essa armadilha, meu "grande amigo" Abraão, "pai da fé" e famoso patriarca.

Abraão era, sem dúvida, um grande homem de Deus. Espiritualmente sensível, atendeu e obedeceu prontamente à voz do Senhor (Gênesis 12.4). Apesar de ser muito rico, ter muito gado, prata e ouro, era financeiramente responsável e viajava sempre até o Egito por precaução, para reabastecer-se (Gênesis 12.10 e 13.2). Pessoalmente generoso, procurava ajudar e solucionar problemas de seu povo (Gênesis 13.5-9). Era protetor de sua família. Lutou por seu sobrinho Ló, libertando-o quando este foi levado cativo (Gênesis 14.12-17).

No entanto, apesar de tão ponderado e equilibrado, em uma de suas viagens de negócios ao Egito, esse homem teve uma idéia e decidiu agir de uma maneira nada louvável.

Imaginemos a cena... Era tarde da noite. Depois de um longo e cansativo dia de viagem, já na fronteira do Egito, Abraão, sem conseguir dormir, vira-se de um lado para o outro em sua esteira, na tenda onde também estava sua mulher Sara. Ela acorda e pergunta ainda sonolenta:

– Abraão, o que está havendo? Você está passando mal? É o estômago, não é? Comeu guisado demais. Bem que eu avisei...

– Não, não é isso, querida. É que eu estou muito pre-ocupado.

– Com o quê?

– Sabe o que é, Sara... Apesar de você ser uma senhora de 65 anos, ainda é muito bonita. Fico pensando no pessoal do Egito, no rei e nos nobres. Quando eles a virem ficarão deslumbrados e poderão querer me matar para ficar com você.

- Nossa, Abraão! Não diga uma coisa dessas!

- Mas é verdade!

- Então... O que vamos fazer?

- Olha, como eu não conseguia dormir, pensei, pensei e tive uma idéia. Acho que pode dar certo. Se você disser que é minha irmã, certamente eles me deixarão em paz. Talvez queiram até me dar presentes e eu ficarei ainda mais rico. Sem falar que se pensarem que sou seu irmão não me matarão por sua causa.

- Mas, Abraão...

- Sara, você não é mesmo minha meia-irmã? Então, não será totalmente mentira. Por favor, Sara!?...

E foi o que aconteceu. Quando chegaram diante de Faraó, tudo transcorreu como Abraão previra. Em sua avidez por mais riquezas e proteção, o grande herói da fé esqueceu-se dos valores divinos e precipitou sua esposa por uma estrada perigosa.

Voltemos, então, nosso pensamento a Sara, enquanto as mulheres a preparavam para dormir com o rei. Imaginem como seu coração devia estar triste, aflito e amargurado.

- Abraão, o grande líder! – pensava ela. Que belo mentiroso e ambicioso você é!

Pastores, tentem lembrar-se das situações difíceis, constrangedoras, deprimentes, sacrificiais e exaustivas às quais suas esposas precisaram suportar pelo simples fato de vocês desejarem sucesso no ministério. Talvez você esteja pensando: "Mas o que é isso? Será que auto-realização e ambição são assim tão perniciosas, mesmo no âmbito ministerial?"

Também tenho me questionado sobre isso diante de meu próprio desejo de realização. Para ampliar um pouco essa discussão, vou utilizar o exemplo de uma das mais belas histórias contadas pelo cinema e vencedora do Oscar de melhor filme daquele ano (se não me engano 1982): Carruagens de Fogo (*Charriots of Fire*). O filme é baseado em fatos e conta a saga de dois homens que lutaram tenazmente para ganhar a medalha de ouro nas Olimpíadas de 1924 – Harold Abrahams e Eric Liddell. A diferença entre ambos era evidente. Abraham treinava intensamente visando sua própria glória, enquanto Liddell tinha seu objetivo voltado à glória de Deus.

A irmã de Eric, Jennie, interpretou erroneamente o forte desejo de seu irmão em vencer a prova e o pressionou para voltar ao campo missionário na China, onde ambos haviam nascido e onde seus pais ainda viviam.

Um dia, Jennie estava triste porque seu irmão faltara a uma reunião da missão para treinar. Então, Eric decidiu que ambos precisavam conversar. Liddell levou sua irmã até um lugar maravilhoso de onde se avistavam todas as planícies da Escócia, segurou-a firmemente e disse:

- Jennie, Jennie, você tem que entender! Creio que Deus deseja que eu retorne à China e sirva ali como missionário. Contudo, Ele me deu capacidade para correr. Sou muito veloz, e quando corro sinto muita alegria e também percebo que Deus sente prazer com o que estou fazendo!

Contrastando com essa bela cena, a poucos instantes do início da prova final, Abrahams está no vestiário sendo preparado pelo treinador. Amargamente, então, confessa a seu melhor amigo também presente:

- Tenho vinte e quatro anos e nunca senti nenhuma espécie de realização. Estou sempre em busca de algo que nem mesmo eu sei o que é.

Caríssimo colega e leitor, qual é a sua ambição? É ser pastor da maior igreja do Brasil ou o melhor pregador que este país já conheceu? Escrever um ou vários livros que se tornem *best-sellers*; ou ainda, quem sabe, ser tão usado por Deus na evangelização quanto Billy Graham? Creio que todas essas ambições não são totalmente erradas. Deus quer nos dar dignidade, propósito e alegria na realização de nossa carreira. Contudo, o segredo da satisfação e do contentamento naquilo que fazemos não é necessariamente obter o que desejamos, mas redefinir o alvo primordial que é agradar a Deus. Nosso objetivo deve ser semelhante ao de Liddell, que pensou no Senhor, e não ao de Abrahams que só queria satisfação pessoal.

Preocupo-me com o que está ocorrendo à liderança evangélica brasileira e às suas famílias. Creio seguramente que posso afirmar que 50% dos pastores têm sérias dificuldades em seus relacionamentos familiares.

Existem inúmeras razões para esta porcentagem ser tão significativa. A meu ver, uma das principais é a "santa" obsessão egoísta pela realização. Pastores têm "casos" com seus ministérios e a família sofre a conseqüência dessa "traição".

É muito fácil "jogar gasolina" no fogo da fantasia quando você está em seu gabinete pastoral, fugindo assim, da realidade familiar, entregando-se à sua "amante": o sucesso ministerial.

Ao mesmo tempo em que sua igreja cresce, as pessoas o consideram maravilhoso, eficiente. Que chance para sua fantasia sentir-se acariciada e incentivada! Torna-se tremendamente difícil encarar o ministério como um feroz adversário de sua esposa na luta por sua atenção e seu tempo.

Mas pastor, afinal de contas, o que é na verdade o adultério? Não é a quebra dos votos do casamento e uma entrega à outra?

A "SANTA" OBSESSÃO

Talvez você tenha preparado cuidadosamente um mecanismo de justificativa bastante eficaz para acalmar sua mente quando sobrevêm pensamentos desagradáveis.

Quem sabe seja mais ou menos assim:

- Quando nos casamos, minha esposa sabia que eu seria pastor. Todo esse trabalho faz parte do "contrato". Estou realizando a obra de Deus e é de suma importância que eu me entregue completamente a ela.

- Ao casar comigo, Deus designou minha esposa para ser minha ajudadora. Ela, então, deve cumprir seu papel.

Contudo, mesmo com todas as tentativas para se justificar, a realidade é que você é responsável pelas atitudes negativas de sua esposa. Esse é um fato imutável, pois além de ser seu marido, você é também seu pastor.

Ironicamente, muitos pastores afirmam serem leais às promessas de seu casamento enquanto buscam realizar ambições que minam e destroem seus lares. E tudo é feito em nome do ministério!

Amigo pastor, amo minha esposa, minha companheira há 40 anos, e também amo muito minhas três filhas. Acredito em meu profundo compromisso de amor para com elas. Mas sou tentado a ter "amantes": os seminários que dou por todo Brasil, os livros ainda a serem escritos, os programas de rádio etc...

Há uma gratificação pessoal instantânea e um enlevo divino em ajudar pessoas necessitadas. Nunca é fácil dizer NÃO!

Hoje, logo cedo, estava lendo João 15.5: "*Eu sou a videira verdadeira e meu Pai é o agricultor. Todo ramo que, estando em mim, não der fruto, ele o corta; e todo o que dá fruto, limpa, para que produza mais fruto ainda. Vós já estais limpos pela palavra que vos tenho falado; permanecei em mim e eu permanecerei em vós. Como não pode o ramo produzir fruto de si mesmo, se não permanecer na videira; assim nem vós o podeis dar, se não permanecerdes em mim. Eu sou a videira verdadeira, vós os ramos. Quem permanece em mim e eu nele, esse dá muito fruto, porque sem mim, nada podeis fazer".*

Deus tocou-me novamente através das palavras de Jesus: *"Sem mim, nada podeis fazer".* A segurança interior, a auto-realização, a identidade pessoal não podem ser alcançadas pelo esforço próprio de uma pessoa naquilo que ela realiza. A identidade de um ser humano está intimamente ligada à Videira Verdadeira. É necessário lembrar constantemente que sem Ele, nada podemos fazer.

Três estupendos fatos bíblicos nos oferecem direção e encorajamento:

1. Sou aceito, amado incondicionalmente e valorizado por meu Pai celestial – Essa verdade me liberta do jugo de ter de convencer os outros de meu valor, por meio do sucesso de minhas realizações.

2. O perdão opera em minha vida agora e futuramente – 1 João 1.8-9. Não preciso viver escorado em ações e atividades bem-sucedidas e nem tentar disfarçar minhas fraquezas e incapacidades. Desse modo, sou livre para admitir meus erros e falhas.

3. Como ministro do evangelho, tenho um santo e sagrado chamado de Deus – Aquilo que realizo não tem apenas valor temporal ou superficial, mas eterno. Sou livre para ser um servo; levar Deus mais a sério do que levo a mim mesmo, para ser compassivo, para agir corretamente em meu espaço e, especialmente, sou livre para permitir que o poder de Deus flua por intermédio de minha vida, como a vida flui da videira para os ramos. Todos esses privilégios me levam a orar e a dizer:

Senhor Jesus,

Tu me fizeste forte, cheio de energia, com dons espirituais, capacidades naturais e da mesma forma como Eric Liddell dizia – "sinto que Deus sente prazer quando eu corro", gostaria de dizer:

– Pai, quando ensino, quando escrevo, quando .... sinto o teu prazer.

Mas Senhor, confesso que é muito fácil tornar-me um ativista, esquecendo meu relacionamento com minha esposa e com minhas filhas. Por favor, Deus, ajude-me a compreender quando devo dizer NÃO!

Guarda-me perto de ti para que eu encontre meu significado, minha identidade e minha realização na Tua presença e no Teu poder.

Em nome de Jesus,

Amém!

Dois

CORAGEM

Sem ninguém saber de onde, um homem humilde do campo, de vestes modestas e de modos rudes sobe as belíssimas escadarias do palácio real e irrompe na suntuosa sala do trono antes que qualquer pessoa da guarda consiga detê-lo. Já diante do rei, não se atemoriza, nem se humilha, mas categórico e sem o menor temor, desfere contra um dos mais temidos e cruéis soberanos da época a sentença divina: *"Tão certo como vive o Senhor, Deus de Israel, perante cuja face estou, nem orvalho nem chuva haverá nestes anos, segundo a minha palavra"* (1 Reis 17.1).

Atônitos, rei, guardas, todos, enfim, ouviram com respeito e atenção as palavras daquele ousado profeta.

Que tarefa difícil Elias precisou cumprir! Realmente, não é uma missão simples apresentar-se diante de uma autoridade máxima levando más, ou melhor, péssimas notícias (que podem até passar por ameaças), tendo como agravante o fato de ser um de seus mais humildes e insignificantes súditos.

- Como você se sentiria se fosse escolhido para um trabalho de tamanha importância?

Bom, depois dessa demonstração de obediência a Deus, coragem diante do rei e confiança na veracidade da profecia divina, o "superenviado" do Senhor virou as costas e saiu assim como entrou, firmemente, sem ninguém detê-lo, sem ligar para o que os outros estavam pensando a seu respeito, certo de que sua tarefa estava cumprida, ao menos parcialmente.

Confesso que aprecio demais esse tipo de coragem. Desde pequeno, quando ia à Escola Dominical, essa era a minha narrativa bíblica preferida. Quem sabe, por isso, eu goste tanto de filmes de ação em que os heróis recebem tarefas impossíveis e as cumprem da maneira mais ousada e corajosa possível.

Para compreender esses acontecimentos devemos observar a história israelita da época. Israel estava imersa em um abismo moral. Sua espiritualidade estava sufocada pela mediocridade do povo e de seus governantes. A grande maioria da nação voltava as costas para Deus, tendo como seu maior exemplo de apostasia o próprio rei Acabe e sua esposa, a pérfida rainha Jezabel.

Na história do povo de Israel, Acabe é tristemente lembrado como um dos piores reis. Pecaminoso, sem caráter, déspota, cometeu um de seus maiores erros ao se casar com Jezabel, mulher má e sem escrúpulos que incitava a idolatria e o paganismo, promovendo cultos a Baal. Ao ser confrontada pelos profetas de Deus, simplesmente os matava, procurando de qualquer modo fazer prevalecer sua vontade. Matando os profetas ungidos por Deus, ela conseguiu calar as vozes verdadeiras que orientavam o povo segundo o coração do Senhor. Além disso, ela levou para dentro do palácio os falsos profetas, adoradores de Baal que proferiam suas mentiras e eram obedecidos por muitos do povo.

Ao longo da história israelita, a nação sofreu certa influência de povos vizinhos, principalmente dos cananeus, apesar de haver ordem específica de Deus para que não se misturassem, casassem ou adotassem costumes de outras nações. Contudo, quando Jezabel trouxe para o convívio de Israel 850 profetas profanos, foi como se ela utilizasse uma enorme e possante mangueira e lançasse água com pressão descomunal num alvo predeterminado. Simplesmente, ela arrasou qualquer resistência do povo à miscigenação.

A adoração a Baal era composta por um ritual muito complexo, destaco apenas quatro características distintas:

1. Os adoradores de Baal eram assassinos de recém-nascidos. Atualmente, alguns matam os bebês no ventre materno recorrendo ao aborto. A diferença está em que os adoradores de Baal esperavam que a criança nascesse.

2. Os adoradores de Baal superestimavam os elementos da natureza e consideravam que o seu deus os controlava. Atualmente, há uma preocupação válida, mas a meu ver simplificada, da preservação do meio ambiente. Enquanto se protege animais em extinção ou a selva amazônica, rios, mares, há crianças morrendo de desnutrição, falta de atendimento médico, assassinadas ou por simples abandono.

3. Os adoradores de Baal encorajavam e promoviam a depravação sexual, principalmente o homossexualismo. Atualmente, esse tipo de postura não difere em quase nada dos tempos antigos!

4. Os adoradores de Baal tentavam coexistir lado a lado com os judeus como se não tivessem um estilo de vida completamente oposto ao deles. Atualmente, se esse não é um quadro da última década para cá e que retrata exatamente o que ocorre em nossa cultura, então... devo estar muito enganado!

Tendo em mente esse pano de fundo, afirmo que Deus está hoje chamando seus "superprofetas", outros corajosos Elias, homens confiantes, destemidos, íntegros, para confrontar as filosofias, os modismos, o materialismo, a onda de pecado que inunda nosso planeta e faz nossa gente naufragar e morrer espiritualmente. Ele busca profetas no púlpito, na mídia, nas ruas e nos lares. Homens determinados que levantem e digam: *"Tão certo como diz o Senhor, Deus de Israel..."*.

Como um homem pode chegar a tal grau de confiança em Deus e coragem semelhante à de Elias? Como uma pessoa simples se investe de autoridade para revelar a apostasia de um monarca, soberano supremo de seu povo? Como um ser humano consegue encarar alguém tão importante e tratá-lo como seu igual a ponto de "encostá-lo na parede" com a promessa do julgamento divino?

Pelo menos três segredos deram a Elias essa coragem:

1. ELIAS TINHA CONVICÇÃO DA REALIDADE DA EXISTÊNCIA DE UM DEUS VIVO

Note mais uma vez as palavras do profeta: *"Tão certo COMO VIVE o Senhor..."*. O Deus de Israel vive! Elias reconhecia esse fato. Acabe e seus súditos pensavam que tinham alcançado sucesso no plano de enterrar de uma vez por todas o Deus que os israelitas adoravam. Mas cometeram um sério erro de cálculo: o Deus vivo mais um representam a maioria. Um homem ou mulher totalmente entregue nas mãos do Senhor, convencido da soberania de um Deus Onipotente, Onisciente e Onipresente que pode intervir em todos os assuntos humanos consegue ter ousadia ilimitada como Elias e confrontar qualquer pessoa que esteja em antagonismo com Ele, sobre a face da terra.

Você já observou como Deus se alegra em transformar uma pessoa e logo depois utilizá-la para modificar a vida de

CORAGEM

outras? Fico admirado com as escolhas de Deus. *"...visto que não foram chamados muitos sábios segundo a carne nem muitos poderosos, nem muitos de nobre nascimento; pelo contrário, Deus escolheu as coisas loucas do mundo para envergonhar as fortes; e Deus escolheu as coisas humildes do mundo, e as desprezadas, e aqueles que não são, para reduzir a nada as que são"* (1 Coríntios 1.26-29).

Para mim, essa é a loucura de Deus!

Caro colega, que demonstração você dá do poder e da presença do Senhor? Creio que a maior necessidade da igreja é de homens com caráter que não sejam comprados por preço algum, com profunda convicção de seu chamado e convencidos da realidade da existência de um Deus vivo em sua vida.

Elias, quando estava no monte Carmelo juntamente com a nação de Israel e 850 falsos profetas, não duvidou que o seu Deus estava vivo e ali com ele. Antes de o fogo descer do céu e consumir o sacrifício do altar e as pedras ao redor, ele afirmou em oração:

> *"Ó Senhor, Deus de Abraão, de Isaque e de Israel, fique hoje sabido que Tu és Deus em Israel e que eu sou Teu servo, e que segundo a Tua Palavra fiz todas estas coisas. Responda-me, Senhor, responda-me para que esse povo saiba que Tu, Senhor, és Deus, e que a Ti fizeste retroceder o coração deles"* (1 Reis 18.36, 37).

2. A CORAGEM DE ELIAS FLUÍA DA CONVICÇÃO DE QUE ELE ERA UM SERVO DE DEUS

Em sua poderosa oração diante daqueles falsos profetas, ele disse: *"...eu sou Teu servo"*. Deus poderia simplesmente ter determinado que anjos comunicassem suas advertências, mas constantemente Ele utiliza seres humanos fracos e pecadores para cumprir Seus propósitos divinos. É hora de nós, pastores, reconhecermos que somos servos, embaixadores, porta-vozes do Rei dos reis, do Soberano do Universo.

É com tristeza que reconheço que há um povo necessitando desesperadamente ouvir com clareza, em alto e bom som, o toque da trombeta proclamando as boas novas da Palavra, mas que apenas escuta um ruído tímido, tênue e desafinado de homens e mulheres inseguros, sem confiança em si mesmos e na fé que dizem professar. Enquanto nossa geração grita por respostas firmes e profundas, a nação que diz ser do Deus Todo-Poderoso gagueja. Enquanto o mundo ao nosso redor está se afogando, tentando encontrar alguém que lhe estenda a mão e o tire desse tormento para que possa respirar livre, a igreja assiste a tudo paralisada.

Elias ficou pronto, esperando o momento certo: em seu lugar, na brecha, pronto para agir ao comando do Senhor dos senhores.

Tenho orado para que Deus levante, de ambos os sexos, pessoas corajosas, convictas, cheias de fé e de amor pelo Pai para destemidamente ficarem na brecha, esperando a hora certa para ir e cumprir a Palavra do Senhor.

Pastores, devemos ser os modelos dos jovens de nossas igrejas. Será que eles vêem claramente demonstradas em nossas vidas as qualidades de servos do Altíssimo?

3. ELIAS RECONHECEU QUE TODOS OS RECURSOS DE DEUS ESTAVAM À SUA DISPOSIÇÃO

Às vezes, admito que sinto uma "santa" inveja do profeta Elias. Tenho me perguntado o que havia de extraordinário nele. Será que ele era algum ET, algum ser divino ou um tipo de gigante espiritual que não existe mais hoje?

Não! O próprio Tiago disse: *"Elias era homem semelhante a nós, sujeito aos mesmos sentimentos"* (Tiago 5.17a). Elias era exatamente igual a qualquer um de nós. Haja visto que após a humilhação que impôs aos profetas de Baal, no monte Carmelo, vencendo-os de maneira indiscutível, ele fugiu. Saiu correndo por um longo percurso como um coelho assustado, indo esconder-se amedrontado em uma caverna, com medo da rainha Jezabel. A coragem desapareceu dando lugar à covardia e, assim, por algum tempo, ele esqueceu de quem era o seu Deus.

Elias também possuía uma natureza pecaminosa, tinha seus altos e baixos e era volúvel. A diferença entre ele e um outro homem comum era exatamente sua fé no Deus Todo-Poderoso. Ainda em Tiago lemos: *"...e orou com instância para que não chovesse sobre a terra, e por três anos e seis meses não choveu. E orou de novo e o céu deu chuva, e a terra fez germinar seus frutos"* (Tiago 5.17).

Como Elias, encontrou coragem para confrontar um rei perverso, vingativo, mais 850 falsos profetas apadrinhados por uma rainha terrivelmente má? Eu posso dar essa resposta. Sua coragem foi fortalecida e aflorou determinada por meio da oração.

Talvez Elias tenha se lembrado da advertência de Deus ao povo registrada em Deuteronômio 11.16-17: *"Guardai-vos, não suceda que o vosso coração se engane, e vos desvieis e sirvais a outros deuses e vos prostreis perante eles; que a ira do Senhor se acenda contra vós outros, e feche ele os céus e não haja chuva, e a terra não dê a sua messe, e cedo sejais eliminados da boa terra que o Senhor vos dá".*

O que acabamos de ler é a aliança de Deus com Seu povo. A idolatria seria seguida de seca. Acabe e o povo tinham esquecido tal advertência, mas, ao que parece, Elias não. Ele estava absolutamente certo de que Deus cumpriria Sua promessa e deteria a chuva, secando as terras em que vivia aquela nação rebelde. Quando Israel se arrependeu do pecado voltando-se para Deus, Ele abriu os céus e a chuva caiu. Tiago diz: *"Muito pode, por sua eficácia, a súplica do justo"* (Tiago 5.16b).

Nosso ministério, como pastores, será enriquecido ou empobrecido, dependendo de nossa capacidade de aproveitar o recurso da oração.

Sinto-me encorajado por conhecer o fato de que Jesus, muitas vezes, queria estar a sós com Seu Pai (Mateus 14.23). O Filho de Deus precisava de solidão para estar com o Pai e também para orar, para conversar com Ele.

Henry Neuwen, em seus relatos, conta um encontro que teve com Madre Tereza de Calcutá. Ele perguntou a ela como poderia organizar melhor sua vida, e ela respondeu com sua característica simplicidade: "Passe uma hora por dia em adoração com seu Pai celestial, e tudo estará muito bem".

Que recurso magnífico nós temos quando ligamos nosso pensamento ao do Senhor absoluto, ao poder que controla todo o Universo. Nem estou mencionando o infinito valor da Palavra, do Espírito Santo e da graça de Deus. O poder para transformar o mundo está em nossas mãos.

- Será que temos consciência da presença do Deus vivo ao nosso lado?
- Será que erguemos nossas cabeças reconhecendo que somos servos do Altíssimo?

CORAGEM

- Será que vivemos com a confiança irrestrita nos recursos divinos que estão à nossa disposição?

Deus deseja que fiquemos corajosamente "na brecha", mas... totalmente dependentes Dele.

O Senhor pode contar com você?

Senhor, meu Deus,

Gostaria de pensar que sou igual a Elias, mas o fato é que sou mais parecido com Pedro, o qual disse que estaria a Seu lado até o fim, porém, O abandonou diante da primeira dificuldade. Confesso que sou fraco, inepto, covarde, capaz de traí-Lo, sou pó, sinto-me culpado como Pedro também se sentiu.

Obrigado porque, no Pentecostes Pedro se tornou um Elias. Obrigado porque o Senhor usa vasos de barro. Quero ser um instrumento em tuas mãos, um homem de coragem que eleve sua voz em meio a uma geração surda e desinteressada.

Em nome de Jesus Cristo,

Amém!

HOMENS DE VISÃO

Quem me conhece sabe que aprecio filmes do gênero aventura em que os heróis, cena após cena, se superam em seus feitos. Há um filme que me marcou particularmente, tanto que ainda hoje considero não ter visto nada melhor: "Os Doze Condenados". O filme conta a história de doze homens que são julgados por seus crimes e sua condenação é a prisão perpétua. Eles formavam um grupo completamente diferente. Cada homem tinha uma especialidade relativa à guerra; seus conhecimentos em artes marciais, estratégias bélicas, explosivos, etc, os tornavam um pequeno exército incrivelmente eficiente.

Agentes do governo preocupados em solucionar um sério problema pendente e sem saber mais a quem recorrer, reúnem esses doze condenados na prisão e expõem-lhes as tarefas, sendo que cada um ganha um papel diferente e importante a cumprir e, é claro, praticamente impossível.

O desenrolar do enredo é emocionante e posso até mesmo dizer, é gratificante, ver como cada um cumpre sua missão, excedendo em muito a expectativa do espectador.

Cada vez que essa história vem à minha lembrança, eu a relaciono imediatamente ao rei Davi e seus guerreiros.

Davi era um homem de muitos dons. Era poeta e escritor, músico e rei, mas acima de tudo era um guerreiro. Para ele, as batalhas não eram episódios desconhecidos. Ele já lutara muitas guerras, fora ferido, derramara sangue e estava acostumado à luta.

Como líder e pastor, é preciso que você estude atentamente a vida desse rei, pois mesmo que você não seja um poeta, escritor, músico e, com certeza, muito menos rei, mas à frente de seu rebanho, você é um guerreiro.

Davi foi um comandante. Ele era o tipo de líder que atraía homens corajosos e de visão. Em seu exército destacavam-se guerreiros espetaculares, tão fantásticos que as Escrituras não registram somente seus nomes, mas também seus atos heróicos.

Provavelmente você nunca ouviu falar deles, mas, se fosse contemporâneo do rei Davi, não desconheceria a fama desses soldados. Eles eram capazes de suportar pressões sobre-humanas, eram hábeis quando em batalha e não sabiam o que era o medo.

1 Crônicas 12.1,2 revela um pouco de suas habilidades: *"São estes os que vieram a Davi, a Ziclague, quando fugitivo de Saul, filho de Quis; e eram dos valentes que o ajudaram na guerra. Tinham por arma o arco, e usavam tanto da mão direita como da esquerda em arremeter pedras com fundas, e em atirar flechas com o arco"*. Será que você notou algo a respeito desses "rambos" israelitas? Eles eram ambidestros em luta, manejando qualquer arma com extrema destreza e facilidade.

Se um soldado comum é ferido na mão ou no braço com que costuma lutar, imediatamente perde quase toda sua capacidade de combate. Eles não! Eram guerreiros

HOMENS DE VISÃO

completos! Caso fossem feridos, aprenderam a guerrear com ambas as mãos. Possivelmente despendiam horas treinando para utilizar habilmente a funda, o arco etc.

Mas não só esses valentes foram até Ziclague. Outro grupo, composto por pessoas tão especiais e eficazes quanto aquelas, juntou-se a Davi, eram os gaditas. Aprendemos sobre as façanhas dos gaditas em 1 Crônicas 12.8: *"Dos gaditas passaram-se para Davi à fortaleza no deserto, homens valentes, homens de guerra para pelejar, armados de escudo e lança; seus rostos eram como de leões e eram ligeiros como gazelas sobre os montes".*

Era uma tropa de elite. É inacreditável, mas certo dia esses homens foram à casa de Davi e se ofereceram para lutar lado a lado com ele em suas batalhas. Além de serem homens fortes e corajosos, suas feições lembravam um leão. Imaginem a intimidação que isso causava ao inimigo.

O mais interessante, porém, sobre o exército de Davi é que os homens não eram recrutados, mas todos eram voluntários.

O livro de 1 Crônicas, capítulo 12, lista um enorme número de guerreiros que se uniram a Davi vindos de vários lugares. Eles eram a nata dos homens de Israel. A maioria foi mencionada pelas tribos, e alguns por seus feitos, como no caso de Zebulom (v. 33).

Nessa impressionante lista de guerreiros, citada em 1 Crônicas 11 e 12, ainda encontramos outro grupo de homens superespeciais. Eram duzentos. Seus nomes não são conhecidos, apenas suas tribos. Eles não são descritos como guerreiros que podiam lutar com as duas mãos nem subir o rio Jordão a nado durante a cheia, na época das chuvas. Então, quem eram eles? Leia 1 Crônicas 12.32:

"Dos filhos de Issacar, conhecedores da época, para saberem o que Israel devia fazer, duzentos chefes, e todos os seus irmãos sob suas ordens".

Não pense que eles eram apenas executivos, planejando atrás de suas mesas. Não, eles guerreavam, e bem. Além disso, a capacidade deles possuía outra dimensão. Na verdade, o talento que eles demonstravam era o que Davi necessitava para levar suas tropas à vitória: eram homens de visão – *"... conhecedores da época, para saberem o que Israel devia fazer..."*

Os homens de Issacar viam o que os outros não viam; enxergavam além dos eventos da guerra, do acontecimento imediato; vislumbravam o plano divino por detrás do que ocorria. Eles tinham discernimento, uma visão da totalidade e do longo prazo. Entre os milhares de guerreiros do exército de Davi, apenas duzentos homens tinham essa capacidade. Era um número relativamente pequeno, mas de enorme influência exatamente por sua forma de enxergar as situações e por seu discernimento de como lidar com elas.

Meu amigo e colega pastor, estamos vivendo um momento mundial de mudanças rápidas; tão rápidas que são difíceis de assimilar. Muitas delas não são transformações para melhor, ao contrário, são provenientes de forças malignas.

Se você pretende ser um líder espiritual eficiente e eficaz, se você quer impactar sua geração é completamente imprescindível ter visão: habilidade de discernir o que ocorre em sua cultura e saber o que deve ser feito para causar um impacto inquestionável em sua casa, seu bairro, sua cidade, enfim, em seu contexto.

Talvez o melhor exemplo de visão que encontro nas Escrituras seja o de dois homens corajosos que faziam parte

HOMENS DE VISÃO

de uma expedição de espionagem. Eles eram Josué e Calebe. Parte desta história está em Números 13 e 14. Antes, porém, de nos referirmos a esses eventos, quero relembrar outros acontecimentos que nos darão uma compreensão mais objetiva dos capítulos mencionados.

Os filhos de Israel estavam libertos da escravidão egípcia sob a liderança firme de Moisés e a poderosa mão de Deus. Partiram do Egito levando todos seus pertences. Todos os membros de suas famílias marcharam confiantes, atravessando o mar Vermelho a seco. Foi sob o comando determinado do homem de Deus, Moisés, que Israel chegou às margens do rio Jordão para atravessá-lo e alcançar a Terra Prometida. Conforme Números 12.16, o povo acampou no deserto de Parã que ficava nos limites da tão almejada promessa.

Até ali, desde que Israel saíra do cativeiro no Egito, o Senhor não deixara um só dia de demonstrar Seu amor por aquelas pessoas que tantas vezes corresponderam com desconfiança, dúvidas, murmurações e ingratidão. Não lhes faltou alimento, água e nem milagres.

Do lugar em que estavam acampados era possível avistar, do outro lado do rio, os muros altos das cidades a serem conquistadas, a sua Terra Prometida, com fumaça saindo das casas e o costumeiro burburinho dos locais habitados. Tudo o que Israel conseguia enxergar do outro lado do rio, o Senhor prometera que lhes pertenceria. Também prometera que seria deles a vitória na luta contra os habitantes que ali viviam.

Israel estava prestes a enfrentar exércitos dezenas de vezes mais numerosos que eles, gigantes de quase três metros de altura. Mas Deus afirmara que a vitória seria deles.

Antes de atravessar o Jordão e conquistar a terra, o Senhor deu ordens para que Moisés escolhesse doze homens, um de cada tribo, capacitados, corajosos, honestos para que espionassem todo o lugar. A intenção era conhecer o inimigo. Assim, Israel poderia planejar melhor sua estratégia de guerra. Em Números 13.3-16, lemos sobre os homens que foram chamados para essa tarefa.

É importante relembrar que a nenhum deles foi solicitada qualquer opinião sobre a capacidade de Israel de vencer ou não. Isso não era necessário, pois Deus já lhes dera a vitória.

Então, o que eles deveriam observar? *"Enviou-os, pois, Moisés, a espiar a terra de Canaã; e disse-lhes: Subi ao Neguebe e penetrai nas montanhas. Vede a terra, que tal é o povo que nela habita; se é forte ou fraco; se poucos ou muitos. E qual é a terra em que habita, se boa ou má; e que tais são as cidades em que habita, se em arraiais, se em fortalezas. Também qual é a terra, se fértil ou estéril; se nelas há matas ou não. Tende ânimo, e trazei do fruto da terra. Eram aqueles dias os dias das primícias das uvas"* (Números 13.17-20).

Assim que eles terminassem de observar tais aspectos, sua missão estaria encerrada. Moisés nunca disse: "Quando vocês regressarem, dêem sua opinião se devemos invadir a terra ou não". Essa não era a tarefa daqueles homens.

Os espiões partiram e voltaram depois de quarenta dias. Enquanto estavam nas terras de Canaã, eles colheram frutos para mostrar a Israel a exuberância da terra. De volta ao acampamento israelita todo povo se reuniu para ouvir os relatórios e eles mostraram os maravilhosos e deliciosos frutos que haviam trazido. Até esse momento, tudo era muito satisfatório. Entretanto, dez espiões dentre os doze

HOMENS DE VISÃO

passaram a Moisés e a seus compatriotas uma visão negativa e medrosa sobre o povo habitante da terra prometida: *"O povo, porém, que habita nessa terra é poderoso, e as cidades mui grandes e fortificadas; também vimos ali os filhos de Enaque. Os amalequitas habitam na terra do Neguebe; os heteus, os jebuseus e os amorreus habitam na montanha; os cananeus habitam ao pé do mar e pela ribeira do Jordão. Então Calebe fez calar o povo perante Moisés, e disse: Eia! subamos, e possuamos a terra, porque certamente prevaleceremos contra ela. Porém, os homens que com ele tinham subido, disseram: Não poderemos subir contra aquele povo, porque é mais forte do que nós"* (Números 13.28-31).

Imagine que desânimo essa visão pessimista e limitada por temores humanos provocou nos israelitas. As Escrituras afirmam a respeito: *"Onde não há visão o povo perece"* (Pv 11.14). Realmente, o povo pereceu no deserto. Incrédulos, ficaram perambulando por ali durante quarenta anos. Todos os que haviam saído do Egito com mais de vinte anos morreram e os seus ossos ficaram espalhados pelo deserto, todos menos dois, Josué e Calebe, os únicos que não compactuaram da convicção dos outros dez espiões covardes. Eles não tiveram visão, não conseguiram ver Canaã do prisma divino. Essa é a triste constatação.

Analise a reação imediata e negativa que o povo teve: *"Levantou-se, pois, toda a congregação e gritou em voz alta; e o povo chorou aquela noite. Todos os filhos de Israel murmuraram contra Moisés e contra Arão; e toda congregação lhes disse: Oxalá tivéssemos morrido na terra do Egito! Ou mesmo neste deserto!"* (Números 14.1,2). O negativismo é infeccioso. Como Israel conseguiu reagir tão mal sabendo da promessa de Deus? O raciocínio humano supera a fé; o pensamento humano acha que é impossível vencer gigantes. Mas sob

39

a convicção da fé, sabemos que temos a vitória, pois Deus está conosco.

Diante de todo alvoroço causado pelo relato dos dez espiões, Calebe e Josué calaram o povo, tentando acalmá-lo e conduzi-lo de volta à razão: *"...Subamos, possuamos a terra, porque, certamente, prevaleceremos contra ela"* (Números 13.30). Basicamente, Calebe está dizendo:

- Calma, já é hora de lembrarmos da promessa do Senhor e confiarmos nela. Nosso Deus nos trouxe à margem do rio Jordão. Temos experimentado constantemente do poder miraculoso de Suas mãos. Vamos confiar e partir confiantes para a batalha, pois Ele entregará os inimigos em nossas mãos!

Após semelhante desafio, esperava-se que o povo levantasse e seguisse seus líderes até conquistar Canaã. Mas... *"Apesar disso toda a congregação disse que os apedrejassem; porém a glória do Senhor apareceu na tenda da congregação a todos os filhos de Israel"* (Números 14.10).

Prezado irmão, precisamos pensar nessa questão. Como homens inteligentes com a devida compreensão da importância da natureza de sua tarefa puderam encarar os fatos de modo tão diferente? Dez espiões viram os gigantes. Dois viram as possibilidades. A explicação é muito simples: dois tiveram a visão e confiaram na promessa de Deus com determinação. Dez se amedrontaram e se encolheram diante do suposto perigo.

Todos esses acontecimentos que Israel enfrentou falam profundamente ao meu coração. Espero que isso ocorra também com você. Passamos anos a fio em nossos ministérios enfrentando gigantes semelhantes aos encontrados em Canaã. Em geral, os que confiam totalmente no Senhor são

HOMENS DE VISÃO

a minoria. A grande maioria raciocina de forma humana e só depende de seu próprio esforço. Os que não têm visão, quase sempre não são determinados, não confiam naquilo que Deus prometeu e promete. Se recusam a sonhar com aqueles que são visionários, julgando-os por vezes desequilibrados!

Dez viram os problemas; dois, as possibilidades. Dez se impressionaram com os enormes gigantes que habitavam a terra; dois impressionaram-se apenas com o tamanho do poder de Seu Deus.

Pastor, você já percebeu que em cada cinco pessoas de sua igreja, apenas uma mantém os olhos fixos no poder do Senhor, e todas as outras nos problemas e dificuldades a superar?

Calebe e Josué, homens de visão, coragem e audácia permaneceram sós, desafiando o povo a confiar que Deus honraria a sua coragem. Mas será que o Senhor honrou a coragem de ambos? Eles sobreviveram ao tormento de quarenta anos de blasfêmias, murmurações e insatisfações no deserto. Finalmente, quando Israel pisou na terra prometida, Calebe, então com oitenta e cinco anos de idade, pediu que Josué lhe desse a montanha onde habitavam aqueles gigantes. Após quarenta anos ele não sentia temor dos gigantes e desafiava o perigo. Ele sabia quem era seu Deus. A última descrição bíblica que temos de Calebe é a cena dele subindo a montanha, arregaçando as mangas de sua túnica, indo com destemor ao encontro dos gigantes para conquistar sua parte da promessa.

- Você não admira uma pessoa assim? Você não se sente desafiado?

Espero que sim!

- E Josué? O que aconteceu com ele?

Ele, já no fim de sua vida, continuava encorajando Israel a conquistar a terra prometida. Um homem velho estimulando a nova geração a confiar e a cumprir por completo a promessa feita pelo Senhor. Josué foi um modelo de homem justo quando disse: "...*escolhei hoje a quem sirvais; se aos deuses a quem serviram vossos pais, que estava dalém do Eufrates, ou aos deuses dos amorreus, em cuja terra habitais. Eu e a minha casa serviremos ao Senhor*" (Josué 24.15).

Deus anda em busca de *Calebes* e *Josués*. A igreja necessita, com urgência, de homens como eles. Homens de visão como os filhos de Issacar, conhecedores da época para saberem o que o Brasil precisa fazer.

Nestes dias escuros, de confusão moral e espiritual, que o Senhor levante homens e mulheres corajosos, mas, especialmente, de visão.

Senhor,

Muitas vezes, diante dos gigantes da minha vida e do meu ministério ajo como os dez espiões... Fico medroso, sem visão, sem determinação. Sou, meu Pai, como um incrédulo.

Perdoe-me, ó Deus, e me dê o tipo de visão que Josué e Calebe tinham quando completaram sua carreira com sucesso e realização.

Em nome de Jesus,

Amém!

Quatro

AGENDA: AMIGA OU INIMIGA?

"O primeiro passo na direção de uma melhor utilização de seu tempo, não é fazer uma nova agenda, mas analisar a antiga".

Peter Druker

Ah, o mundo maravilhoso do circo! Certamente não há uma só criança que não se empolgue com as apresentações espetaculares dos artistas e, muito mais, com os animais. As cores, a música, os desafios emocionantes do picadeiro hipnotizam os pequenos espectadores. Como todas as crianças, eu também adorava ir ao circo e ficava deslumbrado ao entrar naquele reino encantado sob a lona. Entretanto, não eram os palhaços e os animais que mais me fascinavam, mas o malabarista. Ele colocava sete pratos de porcelana sobre sete diferentes varas de ponta e os mantinha sempre girando em um incessante vaivém, não permitindo que os pratos parassem, caíssem e se quebrassem. Eu achava simplesmente fantástico!

Atualmente, quando penso em nós, pastores, vem à minha mente a figura daquele artista circense. Em nosso ministério nos desdobramos para equilibrar, sempre firmes e ativos, os diversos pratos que compõem o universo de nossas igrejas. Somos pastores de rebanhos, mas inúmeras vezes nos encontramos afligidos pela necessidade de uma ação imediata.

Somos envolvidos pela "tirania do urgente". Você já ouviu essa frase antes, não é? Mas o que exatamente ela significa para você? Para mim, traz a certeza de que não devo permitir que o urgente ocupe o lugar do importante. Mas ele lutará por atenção... Gritará e berrará como uma criança mimada que se atira ao chão e esperneia quando não tem os seus desejos satisfeitos.

Em diversas ocasiões o pastor precisa correr para atender a essas "birras", achando que está agindo corretamente; porém, o mais lamentável é que enquanto tentamos apagar os focos de fogo do urgente, perdemos força, energia e tempo em relação ao que é realmente importante.

As prioridades de Deus não são barulhentas, não exigem atendimento imediato. Elas aguardam calma e pacientemente que compreendamos o seu valor.

Infelizmente, há pastores que não equacionam a própria vida e, assim, por uma questão de lógica, não conseguem mesmo identificar as prioridades de Deus. Outros chegam a identificá-las, mas não as valorizam e nem as praticam.

A crise da tirania do urgente ataca o lar do pastor e seu relacionamento com sua esposa e seus filhos. Creio que com raras exceções, as esposas de pastor são as pessoas mais sacrificadas da igreja, e seus filhos, os mais incompreendidos.

Se nos detivermos tempo suficiente para analisar a questão, concluiremos que tanto nossa vida pessoal quanto nossos relacionamentos familiares estão longe do ideal.

Quanto mais trabalhamos, menos significado encontramos no que fazemos. Nosso relacionamento com cônjuge e com os filhos diminui assustadoramente em qualidade e quantidade.

Essa percepção foi tomando forma à medida que várias esposas de pastor escreviam para minha esposa e para mim. Veja algumas colocações aflitivas:

- Por que meu marido não pratica o que prega do púlpito em seu relacionamento familiar?

- Meu marido não tem autoridade para pregar e ensinar na igreja, porque, embora ninguém saiba, ele é um péssimo esposo e pai.

- Meu marido afirmou que, devido ao tempo gasto com a igreja e seus afazeres, não tinha condições de disciplinar nossos filhos, delegando, assim, a mim, toda essa responsabilidade.

Necessitamos desesperadamente entender e vivenciar as prioridades de Deus para nossa vida. A incoerência interna desestabiliza e provoca danos espirituais e emocionais para toda família. Sabedores de tudo isso, por que, então, não fazemos o que devemos fazer? Vamos, por partes, procurar enxergar alguns sintomas que nos conduzem a essa contradição:

Em primeiro lugar, vivemos em uma sociedade imediatista e impulsiva. Estamos acostumados a obter o que queremos, e de imediato. Isso explica o estrondoso sucesso alcançado pela cadeia de lanchonetes McDonald's que, em poucos anos, tornou-se a maior fornecedora de *fast-food* no

Brasil e no mundo. Em menos de cinco minutos pode-se saborear um *Big-Mac*, batata frita, refrigerante e até sobremesa. O mesmo raciocínio é evidente na aceitação do forno de microondas, cujos fabricantes também são milionários. O problema não está com o McDonald's nem com o microondas, mas sim no fato de que o tempo que conseguimos economizar por intermédio deles, não utilizamos em prol do cumprimento das prioridades de Deus para nossa vida. Somos levados a gastar muito de nosso tempo em outras atividades egoístas e descomprometidas.

Em segundo lugar, o pastor, marido e pai e a esposa e mãe (que, por várias circunstâncias, cada vez mais trabalha fora, muitas vezes para completar o salário de seu esposo) são pressionados a produzir sempre mais e a permanecer várias horas longe de casa. Com isso, as crianças são as maiores sacrificadas, pois estão sendo entregues a babás, creches e hotéis de bebês. Após um dia exaustivo de trânsito terrível nos grandes centros, os pais retornam à casa tão cansados e desmotivados que não têm o menor ânimo para desenvolver um relacionamento significativo, criativo e descontraído com seus filhos.

Uma conceituada revista financeira publicou recentemente entrevistas com cem dos mais "bem-sucedidos" executivos. Analise o comentário de um desses homens que chegaram ao topo do sucesso: "Para alcançar o nível de sucesso nos negócios, é necessário compromisso absoluto. Se a sua família for exigente demais, arrume outra!".

Parece-me que cada degrau da escada do sucesso tem suas exigências, as quais se revelam cada vez mais sufocantes (pastor, isso não se aplica somente aos empresários...

Citei o exemplo porque ele diz muito a nosso respeito também!)

Além de toda essa problemática, a situação da economia nacional acrescenta uma severa pressão aos casais.

Em terceiro lugar, a mídia explora a já agitada família, roubando assim o tempo que os cansados papai e mamãe poderiam ter com seus filhos.

As novelas bombardeiam os relacionamentos e valores familiares, transformando a idéia do divórcio em algo tão natural quanto uma simples troca de roupa. Os filmes enlatados, por sua vez, comunicam que a vida consiste em riqueza, fama, beleza e inconformismo.

A divulgação constante de propaganda consumista cria um clima de insatisfação. O desejo obsessivo de adquirir cada vez o que não necessitamos é transmitido e reforçado. Isso, sem mencionar que, muitas vezes, acabamos comprando sem ter a condição financeira apropriada.

Há uma constante onda de debates, em formato jornalístico, inundando a família. Eles indicam O QUE está acontecendo, com raríssimos POR QUÊS. Na verdade, não oferecem soluções práticas, ocasionando assim, mais desespero e desesperança. Por exemplo: "Está aumentando assustadoramente o número de adolescentes que vendem drogas na porta das escolas". Já o motivo desse aumento nem é mencionado. (Uma pesquisa mais profunda revelou a fontes pessoais que muitas daquelas crianças ao perceberem que "aquela venda" resultava em dinheiro rápido, fácil e muito maior que suas mesadas – para os que a tinham - e passaram a gastá-lo em roupas e acessórios para "ficar na moda e serem aceitos pela turma da escola", pois os pais não podiam patrocinar aquele gasto).

Em quarto lugar, outro fator de grande contribuição para a atribulada vida familiar é, sem dúvida, o nosso ego, que sempre faminto por viver mais intensamente é "acariciado" com uma agenda hiperlotada. Parece que também em nossa cultura cristã consideramos como sinal de maior espiritualidade o excessivo número de compromissos. Férias sempre vencidas, doze a quinze horas de trabalho diário aparentam importância. Contudo, o prejuízo que esse "frenesi" causa à família é imensurável e leva ao clima familiar uma constante sensação de desassossego e insatisfação. Não há tempo para aprofundar os relacionamentos. A comunicação se faz em uma esfera superficial e impessoal.

Depois dessa descrição, apesar de parecer incoerente, gostaria de dizer que ainda existe esperança. É possível alterar a qualidade da vida familiar do pastor. É possível conseguir um relacionamento de qualidade com o seu cônjuge, mesmo que já tenha acontecido um distanciamento emocional. Você ainda pode desenvolver uma amizade verdadeira com seu filho adolescente. No entanto, como tudo há um preço a ser pago. É preciso disposição para modificar o apressado estilo de vida em que vivemos. É necessário haver uma reavaliação de nossas agendas, bem como alguns cortes para encaixar, em nossa programação, a própria família. A ascensão pastoral, com todas as suas implicações, deve ser considerada à luz de nossas prioridades como marido e pai.

Se você já teve tempo e coragem para ler até aqui provavelmente já notou a necessidade de alguma mudança em seu estilo de vida pessoal, ministerial e familiar. Compreendo perfeitamente a diferença entre as diversas situações existentes: baixo salário, falta de pessoas adequadas para a liderança das várias áreas de atividade da igreja etc. Não me ponho na posição de juiz, dedo em riste, apontando para alguém. Também sofro das mesmas pressões e influências. Com base nisso, gostaria de sugerir algumas prioridades, a você pastor, para sua vida familiar, as quais também tenho tentado utilizar na minha.

1. PESSOAS ANTES DAS COISAS

Em 2 Coríntios 8.5, Paulo faz um elogio aos cristãos da Macedônia, dizendo: "...deram-se a si mesmos, primeiro ao Senhor, depois a nós, pela vontade de Deus".

Antes de darem a oferta, eles se dedicaram ao Senhor. Existe uma tendência de darmos coisas a nossos filhos mas não entregarmos a nós mesmos. Algumas vezes agimos assim por nos sentirmos culpados por não dedicarmos tempo a eles.

Um jovem casal que se amava profundamente resolveu se casar. Os primeiros anos de vida em comum foram maravilhosos. Juntos montaram um negócio, e a empresa prosperou. Mais tarde, vieram os filhos, e a mulher deixou o trabalho para dedicar-se às funções de esposa e mãe. O negócio continuou a expandir, e eles puderam mudar para uma casa mais confortável, passando também a usufruir um estilo de vida melhor. Com o passar dos anos, mudaram-se para uma das mais cobiçadas residências da cidade. Ela possuía diversos casacos de pele caríssimos, e um carro do ano, *top* de linha. Mas a excessiva entrega ao trabalho teve seu preço. A maior parte do tempo do marido consumia-se nos negócios.

Uma noite, após um longo dia de trabalho, ouviu sua esposa chorando baixinho ao seu lado na cama.

- O que foi, querida?

- Acho que você não me ama mais!

- Como você pode dizer uma bobagem dessas? Olhe para a casa que temos, olhe para o seu carro. Você tem as roupas mais lindas da cidade. Ninguém daqui tem jóias tão caras quanto as suas!

- Mas... querido, é isso! Eu não quero as coisas que você me dá... Quero você!!

Nossa prioridade, como vimos no texto bíblico, é primeiramente darmos a nós mesmos e depois as coisas materiais, seja para nosso cônjuge, filhos ou pais.

2. O LAR ANTES DA IGREJA

Sei que acabo de tocar em uma questão difícil para alguns, especialmente para o homem ou a mulher que deseja se realizar profissional e/ou ministerialmente, que anseia ver sua igreja crescer. Há algo de errado nesse objetivo? No objetivo, em si, não, não há. Infelizmente, o sucesso tem sido medido sempre por quantidade, e não por qualidade. Mas a Palavra de Deus nos assegura, em 1 Timóteo 3.4-5 e em Tito 1.6, que a ascensão não pode ser considerada sucesso quando o preço pago é um lar em frangalhos.

Muitas pessoas se casam com a profissão; pastores e líderes com o ministério. No afã de atingir suas metas chegam a se esquecer de suas famílias e acabam cometendo o que costumo chamar, para mal-estar de alguns, um tipo de adultério.

3. CÔNJUGE ANTES DOS FILHOS

Conheço pais que se devotam tanto aos seus filhos que colocam o cônjuge em segundo lugar. Gênesis 2.24 diz: *"Por isso deixa o homem pai e mãe, se une à sua mulher, tornando-se os dois uma só carne"*, o que mostra que o elo principal em uma família não é entre pais e filhos, mas sim, entre marido e mulher.

Essa verdade encontra ilustração na vida de meus pais. Ambos se deram totalmente aos sete filhos e negligenciaram, ou até esqueceram, o relacionamento deles. Quando todos os filhos se casaram e foram viver em seus lares, eles não sabiam mais conviver entre si.

Sei que minha próxima frase poderá ser novidade e espanto para alguns, mas é a verdade: os filhos aprendem a amar quando vêem o amor entre seus pais e a segurança que necessitam se estabelece a partir dessa percepção. Esse é um dos motivos pelo qual um divórcio abala tanto a segurança dos filhos, causando-lhes tanto sofrimento emocional. Digo isso com conhecimento de causa, pois sou filho de pais divorciados. Senti as conseqüências desse passo dado por eles em minha segurança e auto-estima pessoal.

Digo, portanto, com convicção pessoal: a maior herança que um pai pode legar, é amar a mãe de seu filho, e a principal herança de uma mãe à sua filha é respeitar ao seu pai.

4. FILHOS ANTES DOS AMIGOS

Pai, talvez seja necessário que você abra mão de seu compromisso de sábado à tarde com os amigos, da reunião ministerial tão importante, ou da visita que você considera inadiável; e vá assistir ao jogo de futebol de seu filho ou fazer compras com sua filha. Tal atitude, sem sombra de dúvida, mostrará a eles o quanto você os considera importantes.

5. CÔNJUGE ANTES DE SI MESMO

Essa é realmente a essência do ponto de vista bíblico no que diz respeito ao casamento. O amor ágape é *outro-centralizado* e não *autocentralizado*. Mesmo no tocante à relação sexual, Paulo diz, em 1 Coríntios 7.3-5, que não há lugar para egoísmo nesse tão importante, sublime e íntimo relacionamento. Em nossa sociedade voltada para o humanismo e para o egocentrismo, os casais cristãos precisam se conscientizar de que o amor ágape é o único que pode fazer um casamento realmente ser bem-sucedido.

6. ESPÍRITO ANTES DA MATÉRIA

Em 2 Coríntios 4.18, Paulo diz: *"Não atentando nós nas coisas que se vêem, mas nas que se não vêem; porque as que se vêem são temporais, e as que se não vêem são eternas".*

Muitos de nós, pastores, estamos completamente envolvidos pelo interminável trabalho ministerial e esquecemos de cuidar carinhosamente *"das coisas que se não vêem"*. Mesmo sinceros e bem-intencionados somos impelidos pelos clamores do que há por fazer e confundimos o material com aquilo que é essencialmente espiritual. As coisas eternas são invisíveis. A alma, o galardão celestial, a fé, a esperança e o amor não podem ser vistos, mas são os mais importantes elementos do tempo e da eternidade.

Mesmo à frente de um rebanho, como pastores de uma igreja, podemos estar com uma mentalidade terrena. É preciso cuidado e atenção em relação a isso.

Se continuarmos a nos submeter à tirania do urgente, abraçando um estilo de vida cada dia mais intenso, devemos enquanto é tempo:

1. Parar e avaliar: será que tenho colocado pratos demais para girar em varas?
2. Pedir a Deus que nos mostre Suas prioridades para nossa vida, e procurar enxergá-las.
3. Nos dispormos a mudanças drásticas.

Querido pastor, abordei neste capítulo as prioridades que devemos ter como marido e pai, porém, quero enfatizar que nossa prioridade máxima é amar a Deus de todo nosso coração, toda nossa alma e todo nosso entendimento e força. As outras atitudes serão decorrentes dessa. E assim, somente assim, conseguiremos amenizar os efeitos nocivos de uma sociedade com prioridades falsas e distorcidas.

C. S. Lewis citou a seguinte frase: "Ame a Deus de todo seu coração e faça o que quiser!".

Assim, você deve estar pensando: "Por que ele está escrevendo este livro? Só seria preciso escrever a frase acima!". Ocorre, porém, que precisamos de elaborações e ações em cada área de nossa vida. Para tanto, Deus usa nossa mente e nosso coração para conduzir os nossos passos. Meu amigo, se amarmos ao Senhor nosso Deus com todo nosso ser teremos a perspectiva correta para tomar decisões sábias que dirigirão nossa vida.

Que Ele nos ajude a caminhar rumo a uma vida pessoal mais disciplinada com Ele.

Cinco

DESQUALIFICAÇÃO

Já se tornou um hábito meu passar apressadamente diante do espelho do banheiro de casa, sem muita preocupação em ficar me olhando nem que seja somente por alguns segundos. Aliás, dou graças a Deus quando ele está embaçado pelo vapor que sai da água quente do chuveiro. Assim, nem consigo ver minha imagem refletida.

Você pode estar se perguntando o porquê disso, não é? Ora, minha figura um tanto calva e arredondada de hoje foge, em muito, àquela que idealizei para minha meia-idade.

Bem, brincadeiras à parte, quando olho no espelho, é difícil acreditar que quando estudava em uma universidade na Califórnia, com mais ou menos vinte anos, eu praticava atletismo.

Eu treinava seriamente no *campus* da faculdade, preparando meu condicionamento físico para correr cada vez melhor. Todo treino era supervisionado e orientado por um técnico, muito severo por sinal.

Eu gostava demais de correr. Não competia só em pistas, mas também em circuitos ao ar livre, subindo e descendo montes. Costumava participar de provas de 1.600 a 5.500 metros.

Sob o forte calor da Califórnia era necessário estar muito bem preparado para suportar o desgaste e não fazer feio.

Nosso treinador, como disse, era muito duro na questão de disciplina, principalmente com nossa dieta. Olhando minha silhueta hoje, imagino o que teria de ouvir se ele me visse.

Bem, certo dia fomos escalados para uma competição importante entre universidades. O técnico fez várias recomendações depois do treino final, tais como descansar bastante, não fazer nenhum excesso e, em especial, comer pouco.

Na hora do almoço, meus amigos e eu saímos juntos e fomos direto para uma lanchonete. Diante da comida, esqueci qualquer aviso e comi um, dois, três hambúrgueres e outros tantos *milk-shakes*. Entendem, agora, o porquê de eu preferir nem passar perto do espelho?

A competição começou à tarde. Quando chegou a minha vez, ao ouvir o tiro para a largada, parti com vontade, disposto a vencer. Entretanto, mal correra alguns metros, meu estômago pesava como se eu carregasse dentro dele uma melancia. Corri mais um pouco e não deu mais. Ali mesmo, na beira da pista, vomitei tudo a que tinha direito e, naturalmente, fui observado pelo olhar de nojo de dezenas de espectadores.

Foi um vexame! Contudo, o pior não foi a vergonha que passei por causa da minha gula. O pior foi enfrentar a ira do treinador e superar minha frustração por ter sido desqualificado.

A situação que acabei de narrar ilustra exatamente o que Paulo ensina e adverte em 1 Coríntios 9.24-27: *"Não sabeis vós que os que correm no estádio, todos, na verdade, correm,*

DESQUALIFICAÇÃO

mas um só leva o prêmio? Correi de tal maneira que o alcanceis. Todo atleta em tudo se domina; aqueles para alcançar uma coroa corruptível; nós, porém, a incorruptível. Assim corro também eu, não sem meta; assim luto, não como desferindo golpes no ar. Mas esmurro o meu corpo, e o reduzo à escravidão, para que, tendo pregado a outros, não venha eu mesmo a ser desqualificado".

Acho que Paulo foi um grande esportista, pois várias vezes ele menciona atividades esportivas e hábitos de atletas em seus escritos. Em 1 Coríntios 9.24 a 27 ele enfoca normas e disciplinas que devem ser observadas na vida cristã, para que a vitória seja alcançada. Nesse mesmo trecho, ele afirma que subjuga seu corpo à sua vontade, para que o corpo não determine os propósitos de sua vida. Ele o disciplina com tenacidade para não ser vencido, e sim vencer. Como pregador da justiça, ele não queria chegar ao fim de sua vida derrotado, vítima da cobiça e dos impulsos de seu corpo.

Irmãos, vivemos na igreja evangélica tempos perigosos em que líderes homens e mulheres, estão cedendo às tentações e, com isso, se desqualificando para continuar a exercer o ministério. Durante o ano, viajando pelo Brasil, encontro pessoas de ambos os sexos que já não podem continuar seu trabalho eclesiástico.

Sei que você mesmo, leitor, conhece pessoas que se encontram nessa condição. Particularmente, já soube de diversos casos, decorrentes de diferentes motivos:

- Um pastor veio conversar comigo chorando, pois não amava mais sua esposa. Na verdade, ambos não se suportam mais. Ele não tem outra mulher mas vai se separar. Sabe que isso porá um fim em seu ministério, mas está disposto a pagar o preço. Não quer continuar vivendo tal pesadelo.

- Outro, em terrível luta financeira decorrente do salário paupérrimo que recebe da igreja, não consegue sustentar a família. Encontra uma saída desastrosa: dá um desfalque no caixa do fundo de construção e foge.
- Um líder da igreja, casado, pai de quatro filhos, apaixona-se por uma mulher de outra congregação, também casada. Ele tenta sustentar a situação, mantendo a mulher e a amante, justificando-se no exemplo de Davi e Salomão que também agiram assim. Mas seu pecado o leva à desqualificação e é excluído do rol de membros.
- A filha de um pastor acusa o pai, perante toda a liderança da igreja, de estupro. Quando confrontado ele nega, mas seu ministério fica comprometido e precisa ser abandonado principalmente porque novas acusações surgem a seguir.
- Um pastor, pressionado por problemas financeiros, tenta iniciar negócios com um grupo não cristão. Com o passar do tempo, são feitas várias manobras ilícitas para que as negociações tenham sucesso. Um diácono da igreja é informado sobre isso por terceiros. Ele procura a liderança, expõe os fatos, e o pastor é definitivamente afastado.

O número de casos que posso citar continua e a variedade de motivos é muito diversificada. Paulo diz: "... *correi de maneira que o alcanceis...*". As pessoas anteriormente mencionadas não souberam correr segundo as normas. Satanás conseguiu desviar a sua atenção, e elas foram desqualificadas.

DESQUALIFICAÇÃO

Encerrando esse desafio, o apóstolo ilustra seu ponto de vista tomando o exemplo de Israel, uma nação que também foi considerada desqualificada. Ele inicia o capítulo 10 com a expressão: *"Ora"*, querendo dizer: "Vejam o caso de Israel". A nação foi chamada para ser luz entre as nações pagãs; era o povo escolhido como depositário do amor, das benesses e da presença do Senhor. Contudo, sua rebelião e ingratidão contra Deus foram mais fortes; seu pecado excedia qualquer expectativa lógica de entendimento e gratidão pela posição que tinham como povo escolhido. Se tivessem um coração mais voltado para o Pai compreenderiam que:

ISRAEL EXPERIMENTOU A BONDADE DE DEUS

1 Coríntios 10.1-4:

"Ora, irmãos, não quero que ignoreis que nossos pais estiveram todos sob a nuvem, e todos passaram pelo mar, tendo sido todos batizados, assim na nuvem, como no mar, com respeito a Moisés. Todos eles comeram de um só manjar espiritual, e beberam da mesma fonte espiritual, porque bebiam de uma pedra espiritual que os seguia. E a pedra era Cristo".

Israel provou a proteção, o carinho, o poder miraculoso de Deus, que tirou a nação da escravidão egípcia e a conduziu até a Terra Prometida. As provas de Sua bondade eram evidentes, patentes, indiscutíveis. Israel...

- saiu do Egito sob a poderosa mão de Deus;
- presenciou o poder de Deus ao abrir o mar Vermelho;

- recebeu proteção contra o calor do deserto durante o dia: uma nuvem os cobria – e contra o frio da noite: uma coluna de fogo os aquecia;
- tiveram a liderança justa e bondosa de Moisés;
- receberam alimentos;
- não tiveram sede.

O argumento de Paulo é que eles estavam cercados pelas bênçãos de Deus, sendo enriquecidos espiritualmente, dia após dia, por meio de inúmeros milagres. Era de se esperar que seguissem com devoção a Deus por tanto cuidado. Certo? – Errado!

Responda-me: como é possível um homem chamado por Deus, treinado para ser eficiente no ministério, experimentado pelos anos e usado pela graça de Deus, cair e desqualificar-se?

Vejamos a provável dinâmica da queda para que tenhamos subsídios para identificar sua aproximação e, assim, procurar evitá-la. Somos como Israel. Recebemos diversas bênçãos das mãos do Senhor. Fomos considerados dignos de sermos chamados Seus servos. Os recursos Dele estão à nossa disposição, ou sejam: a Palavra, a graça, o Espírito Santo e a oração. Como, então, caímos, apesar de tantas bênçãos? Israel nos ajuda a perceber como:

ENTRETANTO...
1 Coríntios 10.5,6

"Entretanto, Deus não se agradou da maioria deles; razão porque ficaram prostrados no deserto. Ora, estas cousas se tornaram

DESQUALIFICAÇÃO

exemplo para nós, a fim de que não cobicemos as cousas más, como eles cobiçaram".

Que palavras tristes, *"Deus não se agradou da maioria deles."* Qual grupo representava a maioria? Leiamos Números 14.29,30: *"Neste deserto cairão os vossos cadáveres, como também todos os que de vós foram contados segundo o censo, de vinte anos para cima, os que dentre vós contra mim murmurastes; não entrareis na terra, pela qual jurei que vos faria habitar nela, salvo Calebe, filho de Jefoné e Josué, filho de Num".* Apenas Josué e Calebe entraram na Terra Prometida dentre todos os que saíram do Egito com mais de vinte anos. Não é uma lástima?

Em menos de dois meses, todo o povo marchou do mar Vermelho até as margens do rio Jordão. Quando os espiões voltaram de vigiar Canaã e expuseram suas impressões, todos duvidaram que o Senhor seria suficientemente poderoso para lhes dar aquela terra que era habitada por homens de quase três metros de altura, exceto Josué e Calebe. Assim, durante trinta e nove anos e dez meses eles perambularam pelo deserto, às portas da Terra Prometida. A dúvida venceu a fé. O povo murmurou e se rebelou a tal ponto que, como o Senhor prometera, todos morreram, menos Josué e Calebe que não vacilaram ante as dificuldades, mas acreditaram na força e na fidelidade de seu Deus.

Paulo afirma que o povo ficou no deserto. Literalmente, eles foram arrasados, mortos, seus ossos espalhados por aquela terra seca. Era possível traçar o caminho seguido pelo povo baseando-se nos cemitérios que proliferaram por todo o deserto. Alguém calculou que enquanto eles andavam para lá e para cá, aproximadamente, quarenta pessoas morriam por dia.

O apóstolo dá um alerta para que a experiência de Israel nos sirva de exemplo. No original, a palavra exemplo vem de *tupoi*, raiz de tipografia, isto é, uma imagem impressa de maneira definitiva, que não pode ser apagada. Israel é o exemplo de uma nação que Deus quis usar, mas que devido à cobiça acabou desobedecendo e pondo tudo a perder.

O que eles cobiçaram? Vejam só: alho, cebola, pepino, melão e carne. O que há de errado nisso? Afinal, não é necessário ser um *maître* de restaurante francês para transformar essa lista em uma boa refeição. Uma dona-de-casa, mesmo recém-casada e sem experiência, consegue preparar uma gostosa comidinha com esses ingredientes. O problema é que certas coisas que o Senhor não nos dá podem se transformar em motivo para pecar se as cobiçarmos obcecadamente, perdendo, assim, nossa perspectiva da realidade, transformando-nos em pessoas insatisfeitas, desobedientes e murmuradoras. O desejo dos israelitas não era prejudicial em si mesmo, não causava mal algum, mas sim a atitude que assumiram.

QUATRO PECADOS QUE DESQUALIFICARAM ISRAEL

1 Coríntios 10.7-10

"Não vos façais, pois, idólatras como alguns deles; porquanto está escrito: o povo assentou-se para comer e beber, e levantou-se para divertir-se. E não pratiquemos imoralidade como alguns deles o fizeram, e caíram num só dia vinte e três mil. Não ponhamos o Senhor à prova como alguns deles já fizeram, e pereceram pelas mordeduras das serpentes. Nem murmureis como alguns deles murmuraram, e foram destruídos pelo exterminador".

Desqualificação

Será que Deus tem prazer em revelar os pecados de Israel? Será que Ele se agrada em enumerar os pecados dos pastores? Definitivamente, não! Creio que o Senhor nunca se agrada do pecado dos homens. Mas Ele é honesto e descortina as falhas humanas do passado para as futuras gerações como sinais de alerta.

Idolatria

Tratar desse tema com pastores?! Você deve estar estranhando e pensando: "Será que o Jaime acha que um pastor pode ser idólatra?".

Eu não acho... Tenho certeza! E digo mais... Qualquer pastor pode cair nesse pecado. Em Êxodo 32.1-10 é relatada a idolatria de Israel. Enquanto Moisés estava no monte Sinai recebendo as tábuas da lei de Deus, o povo, impaciente, resolveu não esperar por ele e fabricou seu próprio deus. Se os israelitas, povo alvo de freqüentes e visíveis milagres de Deus, foram capazes de cometer tal aberração e incoerência, quanto mais nós!

Em 1967, quando Judith e eu viemos para o Brasil para trabalhar como missionários éramos casados há um ano e pouco. Havíamos levantado junto a nossos mantenedores uma quantia para comprar móveis. No entanto, quando aqui chegamos, a missão achou por bem nos acomodar na casa de uma família de missionários, já veteranos, que estava de volta para os Estados Unidos.

A idéia não me alegrou muito, mas apesar disso, durante oito anos herdamos e usamos os móveis deles, alguns riscados, outros quebrados e maltratados. O dinheiro que havíamos trazido, a missão usou para outra finalidade.

Bom, no final de 1974, depois de voltarmos de uma viagem aos Estados Unidos e preparados para cumprir mais uma etapa de nosso ministério, eu estava trazendo, outra vez, uma quantia levantada pelas ofertas para comprarmos móveis. E dessa vez, nós os compramos: foram um sofá, duas poltronas e um tapete, de nossa escolha, e nós os achamos lindos!

Naquela época, aos sábados, ministrávamos estudos bíblicos em nossa casa para dezenas de jovens. Em uma sexta-feira, a prefeitura fez obras em nossa rua abrindo enormes valetas para reparos. No sábado choveu, e quando os jovens chegaram, toda lama da rua ficou depositada em minha sala, em meus móveis e tapete em questão de minutos. Como foi difícil dar o estudo naquela noite! Eu estava perturbado, só conseguia pensar na sujeira que eles estavam fazendo. Foi um sacrifício conduzir a reunião até o final e quando, enfim, fechei a porta atrás da última pessoa, suspirei aliviado: "Graças a Deus!".

Emocionalmente confuso, sentindo raiva, indignação e impaciência peguei um balde, panos, escova e passei a limpar tudo, muito bravo.

Estava ali ajoelhado, esfregando, tentando controlar o vulcão prestes a entrar em erupção dentro de mim, quando o Espírito Santo me sussurrou: "Jaime, você está ajoelhado diante de quem, dos móveis ou de mim? Esses móveis que um dia vão se tornar velhos e se acabar são mais importantes do que a vida desses jovens, que são eternas? Não seja idólatra! Lembre-se do motivo pelo qual você veio para este país!".

A linha que divide nosso amor daquilo que realmente tem valor das coisas que possuímos, as quais consideramos nossa propriedade e às quais atribuímos valor, por vezes,

DESQUALIFICAÇÃO

exagerado, é muito fraca. A palavra do Espírito Santo ao apóstolo, em Colossenses 3.5, foi providencial: *"...fazei, pois, morrer a vossa natureza terrena... e a avareza, que é idolatria".*

IMORALIDADE

O segundo pecado de Israel foi sua imoralidade (Números 25.1-5). Israel prostituiu-se com as filhas dos moabitas. O que mais destrói nossos pastores ainda é o pecado sexual. Pastores, respondam a estas perguntas, sinceramente, só para vocês mesmos:

- Existe alguma mulher em sua igreja que domingo após domingo o encanta e desperta desejo em você?
- Você tem alguma tara escondida?
- Há alguma prostituta que sempre chama sua atenção no caminho da igreja até sua casa?
- Você se sente atraído pela coleguinha adolescente de sua filha?
- Você é infiel mental e/ou emocionalmente?
- Será que sua igreja ou sua profissão é sua "amante"?

Pedro diz que as paixões carnais fazem guerra contra a alma. Realmente, o diabo as usa como arma para lutar ferozmente contra nós, pastores.

PRESUNÇÃO

Em Números 21.1-6, Israel julga-se tão importante a ponto de provar Deus. Eles haviam feito um voto para que o Senhor entregasse o inimigo em suas mãos. Eles os destruiriam totalmente, tanto ao povo quanto a suas cidades. Deus os atendeu. Logo após essa experiência, Israel perdeu a paciência e passou a reclamar contra o Senhor e contra seu líder, Moisés.

Quantas vezes, como pastores, pedimos bênçãos de Deus, que em Sua infinita bondade nos responde. Mesmo depois de constatar toda Sua bondade, voltamos a duvidar, a reclamar, a desobedecer e a nos revoltarmos novamente, pedindo outra prova de que Ele está no controle e de que nos ouve. Agimos, assim, sucessivamente. Enfim, toda grandeza do amor e da misericórdia do Pai é insuficiente diante de nossa murmuração, desobediência e presunção. Não nos cansamos de pô-Lo à prova, bem como a Sua graça. E, aos poucos, essa presunção vai nos desqualificando para o ministério.

INGRATIDÃO

Devido à desobediência e à ingratidão, Israel não se cansava de reclamar com Moisés e Arão sobre "as injustiças" de Deus para com eles. Há um fato específico, em Números 21.1-6, decorrido após uma enorme demonstração da bondade do Senhor. Novamente, o povo passou a murmurar tornando-se impaciente e pedindo para voltar ao Egito, para a terra da escravidão. Israel focalizou toda sua atenção, outra vez, para o que não tinha no momento e se esquecendo do passado, do que havia sofrido no Egito.

Sim, a ingratidão é um pecado que surge porque esquecemos tudo o que Deus já fez por nós. Nossos primeiros pais, Adão e Eva, tiveram esse problema. Deus providenciara para que vivessem em fartura, mas o diabo pôs em seus corações a insatisfação, o orgulho, a ingratidão e concentrou

DESQUALIFICAÇÃO

sua atenção em algo que não poderiam ter, a tal ponto que se esqueceram de tudo o que já tinham e focalizaram sua atenção, desejo e anseio em uma única coisa, a qual lhes era proibida.

Satanás nos seduz com algo inacessível e tudo o que Deus já nos deu e nos fez *vai por água abaixo*, como se nunca tivesse existido ou acontecido.

Quando Paulo descreve, em Romanos 1.21-32, a condição de depravação da cultura em que vivia, ele inicia sua repreensão, dizendo: *"...nem lhe deram graças"*. - Há indícios que nos levam a crer ser esse um dos pecados básicos que arrasta um povo à perversão. Talvez seja, mesmo.

Israel era um povo de *memória curta* (também dizemos o mesmo sobre o povo do Brasil, não é?). Por isso, quando, por fim, entraram na Terra Prometida, Deus ordenou que tirassem doze pedras do leito do rio Jordão e construíssem um memorial para que as gerações futuras relembrassem a misericórdia e o poder de Deus ao libertá-los da escravidão.

Irmãos, quando a reclamação surge em nosso coração, como, por exemplo: "Senhor, por que recebi a direção justamente deste rebanho?", devemos parar e nos lembrar de todo o caminho percorrido desde o nosso encontro com Cristo até o dia de hoje e como tem sido bondosa e fiel a mão de Deus sobre a nossa vida. Devemos nos arrepender, pedir perdão e nos lembrar, constantemente, que nosso Deus é bom.

Concluindo, quero deixar com você, meu caro amigo e colega pastor, três considerações finais: *"Estas cousas lhe sobrevieram como exemplos, e foram escritas para advertência nossa, de nós outros sobre quem os fins dos séculos têm chegado. Aquele, pois, que pensa estar em pé, veja que não caia. Não vos sobreveio tentação que não fosse humana; mas Deus é fiel, e não permitirá que sejais tentados além das vossas forças; pelo contrário, juntamente com a tentação, vos proverá livramento, de sorte que a possais suportar"* (1 Coríntios 10.11-13).

1. A experiência de Israel serve como "tupoi", como exemplo indelével para nós pastores – v.11
2. Nunca pense que você está isento desses pecados. – v.12 – somos vulneráveis a qualquer um deles, que podem nos levar à derrocada espiritual e à desqualificação.
3. Lembre-se: "Toda tentação é humana, mas Deus é fiel". Se corrermos para Ele encontraremos livramento de maneira que eu e você consigamos suportar.

Deixe-me agora apresentar três absolutos (nunca, nada, ninguém) que só podem ser considerados diante da presença de Deus:

- Nunca é tarde demais para começar a fazer o que é certo.
- Nada é difícil demais para Deus.
- Ninguém está acima do alcance da graça do Senhor.

Pastor amigo:

- Você perdeu a alegria de ser um servo do Pai celestial?
- Seu ministério já se tornou monótono?
- Você pode identificar um momento ou uma série de eventos que o levaram à situação atual?
- Você é capaz de visualizar para onde esse caminho que você está seguindo o levará?

DESQUALIFICAÇÃO

• Você tem coragem de confessar a Deus sua falta de vitalidade espiritual e de devoção?

Se esse for seu caso, você não gostaria de fazer isso agora? A recusa (não quanto a fazer agora, mas em tomar essa atitude) poderá fazer que seu nome seja incluído, mais cedo ou mais tarde, na imensa lista de homens e mulheres desqualificados para o ministério.

Pai,

Quero correr conforme as normas. Sei que sou indisciplinado em meu andar contigo. Experimento, em minha vida e ministério, Tua graça, misericórdia e poder. Contudo, como Israel, sinto que não estou te agradando. O Senhor sabe o pecado que está tão tenazmente me assediando.

Quero pôr diante de Ti minha fraqueza, meu pecado, minha incredulidade e minha rebelião. Torna-me limpo. Sei que Tu és fiel. Não quero ser desqualificado para continuar no glorioso ministério para o qual fui chamado por Ti.

Em nome de Jesus.

Amém!

Seis

UM TIRANO A SERVIÇO DE DEUS

"Biblicamente falando, podemos afirmar que não existem igrejas de sucesso. O que há são comunidades de pecadores que se reúnem na presença de Deus, semana após semana, em cidades e Estados, ao redor do mundo todo. O Espírito Santo os une e faz Sua obra na vida deles. Nessa comunidade de pecadores, um deles chama-se pastor, a quem também é dada a responsabilidade de manter a atenção da comunidade voltada para Deus".

Eugene H. Petersen

Basicamente, a natureza humana é influenciada pelo desejo de obter poder. Isso é evidenciado na política, nas artes, nos esportes, nos negócios, nas profissões etc. Essa verdade também pode ser claramente notada no pastorado. Temos "pés de barro" e uma de nossas grandes tentações é abusar do poder e da posição que Deus nos confiou.

Em parte, o problema reside na influência que a sociedade em que vivemos exerce sobre nós, porque, de modo geral, todas as esferas de atividades são impelidas a atingir o poder.

Há poderes negativos e destrutivos, como também, positivos e criativos. O pastor precisará distinguir entre ambos e optar pelo correto e pelo empreendedor. Precisamos ser sensíveis a ponto de nos perguntarmos freqüentemente: "Será que estou desfrutando minha posição e o poder que ela traz para a glória de Deus e para o benefício de outros? Será que meu estilo de vida é caracterizado por atitudes de amor para com os que me rodeiam ou sou conhecido como um manipulador que usufrui o cargo como o mundo costuma fazer?".

Uma ilustração bíblica que oferece um correto enfoque sobre o poder vem da vida e ensino de Jesus Cristo. Em Marcos 10.35-45, o apóstolo nos relata o que ocorreu entre Tiago, João e os outros discípulos.

Tiago e João, em um momento a sós com o Mestre, pediram para, em Seu Reino Vindouro, ficarem sentados um à Sua direita e o outro à Sua esquerda. Segundo pensavam, aquelas eram posições privilegiadas, que certamente lhes daria poder. Quando os outros dez discípulos souberam que os dois haviam tido a audácia de fazer tal pedido, se indignaram. Parece-me, porém, que toda essa irritação também não provinha de uma motivação saudável. Secretamente, cada um deles estava convencido de ser merecedor de ocupar a direita ou a esquerda do Senhor Jesus. Tiago, João e todos os outros demonstraram cristalinamente que se interessavam em ser um dos primeiros na possível glória e poder do reino prometido.

Não é esse, afinal, o grande objetivo da maioria dos "ilustres" políticos que comandam as nações da terra? Não é assim em nosso país?

UM TIRANO A SERVIÇO DE DEUS

Jesus, com carinho e muita paciência, chamou os discípulos e começou a ensinar-lhes algumas verdades a respeito de posição e poder. No versículo 42, ele disse: *"Sabeis que os que são considerados governadores dos povos, têm-nos sob seu domínio e sobre eles os seus maiorais exercem autoridade".*

Ele destacou dois tipos distintos de liderança: a do mundo e a do Reino. No primeiro, os líderes dominam autoritariamente, em força e em poder. Mas, no versículo 43, Ele continua: *"...entre vós não é assim; pelo contrário, quem quiser tornar-se grande entre vós, será esse o que vos sirva".* Cristo mesmo é o modelo desse ensino quando declara no versículo 45: *"Pois o próprio filho do homem não veio para ser servido, mas para servir e dar a sua vida em resgate por muitos".*

Não houve e não haverá no mundo nenhum *expert* semelhante a Jesus na difícil arte de exercitar o poder. Ele o concedia a outros com o propósito de que eles conduzissem sua vida sob os propósitos e direção de Deus. Não usou todo imenso poder que possuía contra ninguém. Não o utilizou para se promover ou às suas causas. Entretanto, mostrou o poder do amor autêntico. Recusou obter vantagens sobre os mais fracos, antes encorajou-os, estimulou-os, levantou-os, agindo sempre na força do amor.

Nós, pastores, temos de ser categóricos e dizer NÃO à tentação de manipular ou coagir pessoas visando proveito próprio.

Antes de salientar algumas áreas em que tendemos a praticar poder de maneira abusiva, quero mencionar por que desejamos tanto ter poder:

- Para obter vantagem em algo;
- Para compensar sentimentos de insegurança;
- Para compensar sentimentos de inferioridade e de baixa-estima;
- Para a autopromoção com finalidade egoísta;

Alguém disse, certa vez: "Enquanto há cem homens que sabem lidar com a adversidade, existe apenas um que consegue conviver com o sucesso".

Obviamente, todas as razões que acabo que citar são erradas e nós, pastores, condenaríamos veementemente qualquer um que utilizasse o poder abusivo. No entanto, em nossos instantes de maior reflexão e honestidade somos obrigados a admitir que nem sempre o que fazemos ou falamos tem motivos corretos. Creio que seria muito interessante afixar no espelho de nosso banheiro a seguinte lista de perguntas para ser lida e avaliada diariamente:

QUAL É A MINHA MOTIVAÇÃO?
1. Por que estou planejando tal coisa?
2. Qual é minha intenção oculta?
3. Por que minha resposta foi SIM? (ou NÃO)
4. Qual é o meu propósito ao escrever essa carta?
5. Por que essa possibilidade me entusiasma tanto?
6. O que me levou a tocar nesse assunto?
7. Por que sugeri o nome daquela pessoa?
8. Qual é a minha motivação?

Desejo ser extremamente prático, correndo conscientemente o risco de "pisar no calo" de alguns de meus leitores.

Abordarei algumas áreas em que os pastores são potencialmente tentados.

ACONSELHAMENTOS

Neide não suportava mais viver sob tamanha pressão. Estava tão infeliz! Há muito, seu marido só se preocupava e dava tempo para o trabalho, para seus compromissos profissionais. Cada vez que tentava dialogar com ele sobre seus sentimentos acontecia uma briga e, como conseqüência, um distanciamento ainda maior.

Sem saber o que fazer, decidiu procurar o pastor de sua igreja. Marcou um horário e, já no gabinete pastoral, desabafou e chorou suas mágoas.

O ministro, que deveria ser um conselheiro imparcial, achou aquela mulher muito atraente e aproveitou sua carência para obter mais que confiança. Ele, insatisfeito com sua rotina familiar, viu ali a chance de acalmar seu coração, de alimentar seu ego. Depois de algumas sessões de aconselhamento, ele a seduziu.

Esse tipo de situação pode vir a ocorrer não somente no campo emocional, tornando a mulher dependente do pastor, mas também chegar às últimas conseqüências, o envolvimento físico.

Muitas mulheres caem nesse pecado porque encaram a figura do pastor como alguém extremamente bom, amável, compreensivo e sempre disposto a ouvi-las. Exatamente a pessoa que sonham ter ao lado.

Prezado colega, o que acabei de contar, infelizmente, tem passado da exceção para a regra. Como costuma dizer o "profeta" (Ops... o jornalista e apresentador) Boris Casoy: "Isto é uma vergonha!"

PÚLPITO

Aqueles a quem Deus presenteia com o dom do ensino e da pregação também precisam ter uma séria conscientização do enorme poder das palavras. Eles serão tentados a usar sua autoridade com finalidades egoístas. Nós, pastores, podemos ser declarados culpados em certas ocasiões sob a alegação de visar autopromoção. Podemos ser corrompidos por nossa cobiça, pelo poder e oferecer ao rebanho o que eles querem ouvir, e não o que precisam. É um tremendo compromisso ensinar e pregar fielmente a Bíblia, domingo após domingo, sabendo que muitos não concordarão, especialmente, se forem aqueles que detêm o maior poder aquisitivo da congregação.

Também podemos ser tentados a copiar repetidas vezes o estilo ou conteúdo das mensagens que o Senhor tem usado e abençoado. E, às vezes, abusamos, pois o sermão pode servir para sutilmente coagir pessoas a colaborarem com a construção do templo, com o coral necessitado de participantes, com os professores da Escola Dominical, para conscientizar o rebanho a ser generoso ao dar ofertas etc.

Há pastores que pregam um sermão e utilizam ilustrações e histórias com tantos floreios, com tal veemência, empolgação e apelos emocionais que deixam sua congregação aos prantos, com as emoções desestabilizadas. À porta,

UM TIRANO A SERVIÇO DE DEUS

recebem os cumprimentos com o coração cheio de orgulho em relação à mensagem tão maravilhosa! Na realidade, a glória deveria ser dada a Deus pelas palavras poderosas, que sempre devem ser equilibradas, claras e diretas.

LÍNGUA

A língua é pequena, mas encerra um imenso poder. Realmente, ela é mais forte que todos os exércitos e generais da terra. Tiago a descreve como "fogo", "um mundo de iniqüidade, que contamina o corpo inteiro e põe em chama toda a carreira humana" (Tiago 3.6).

Por outro lado, a língua oferecida no altar de Deus é uma grandiosa arma para o bem. Ela pode proclamar a mensagem de salvação (Romanos 10.14,15). Tem poder para santificar (João 17.7). Tem capacidade para curar (2 Coríntios 7.5-7).

O grande sábio diz em Provérbios 18.21: *"A morte e a vida estão no poder da língua; o que bem a utiliza, come de seu fruto".*

Pastor, você fala demais? Aprecia levar adiante os infortúnios de algumas pessoas, embora com alegria disfarçada? Você tem a tendência de falar pelas costas o que não tem coragem de dizer na frente? Você tem o "dom" de uma língua venenosa? As pessoas são edificadas ou desestimuladas por suas palavras?

Se nós, pastores, quisermos usar o poder da língua de modo adequado, devemos nos comprometer a:

- falar a verdade em amor (Efésios 4.15);
- evitar a fofoca (Provérbios 16.28; 17.9);
- não criticar de modo destrutivo (Tiago 4.11)
- não ser sarcástico, cínico (Provérbios 26.24,25).

MANIPULAÇÃO

Um famoso pastor norte-americano, líder de uma grande igreja e proprietário de uma conceituada faculdade que leva seu nome, comunicou aos seus contribuintes que Deus afirmara que o mataria se não conseguisse arrecadar oito milhões de dólares dentro de determinado prazo. O dinheiro deveria ser aplicado em trabalhos missionários na área de saúde.

Para dar mais ênfase à "ordem" de Deus, trancou-se em uma torre alta, no centro do *campus*, e fez greve de fome durante diversos dias. Sua atitude extrema e dramática alcançou o objetivo, e toda comunidade soube o quê e o porquê do que estava fazendo. Finalmente, o pastor obteve o dinheiro desejado. Algum tempo depois descobriram que ele utilizara a quantia, indevidamente, em proveito pessoal. Que absurdo (vergonhoso) alguém manipular dessa forma o povo, fazendo-se "porta-voz" de Deus.

Peter Popoff, célebre "curandeiro americano" e também pastor de uma grande igreja, preparava um aparato todo especial para tornar seu culto poderoso.

Fazia parte do programa, um momento "abençoado" quando destacava uma pessoa do auditório e dava detalhes sobre sua vida, tais como: onde morava, a placa e a cor do carro, nome do médico e outras informações.

Na realidade, ele usava um fone de ouvido. Nos bastidores, sua esposa, por intermédio de um rádio, lhe passava as informações que eram retiradas de fichas catalogadas.

Durante anos e anos, Peter Popoff enganou o povo com seu "dom". Ele se fazia valer de truques e subterfúgios para obter dinheiro, autopromoção etc.

Crentes inocentes caíram na manipuladora armadilha desse "pastor" que sempre utilizava em seus sermões a frase: "Deus me falou". Que cristão teria coragem de desobedecer, ou mesmo questionar, tal argumento, ainda mais vindo dos lábios de um pastor?

Há ainda outra história, forte e verdadeira, que mostra o que uma autoridade abusiva e inconveniente pode provocar. Continuarei, em mais esta narrativa, a utilizar elementos fictícios para não comprometer as pessoas envolvidas.

Um rapaz, ainda jovem, mas já com família constituída, sofria de uma séria doença crônica que o obrigava a acompanhamento médico e tratamento constante. Ele começou a freqüentar uma igreja onde o pastor o desafiou a, "em nome de Jesus", jogar no vaso sanitário todos os remédios e a considerar-se curado sem necessidade de tratamento algum. Se ele não agisse assim, seria falta de fé ou pecado de sua parte.

O rapaz fez exatamente o que o pastor lhe aconselhara. Certo dia, no entanto, teve uma crise repentina. Foi levado às pressas ao hospital, mas não resistiu e veio a falecer.

Diante do tribunal de Cristo, quem responderá por isso? Até aqui os que se fizeram porta-vozes de Deus continuam impunes, seguindo com suas "profecias" irresponsáveis, como se nada tivesse acontecido. A família, porém, perdeu seu marido e pai.

FAMÍLIA

Essa é a área em que mais falhamos no exercício do poder, com a esposa e os filhos.

Nosso relacionamento no lar precisa ser solidificado no amor, e não no poder. Paulo escreve, em Efésios 5.23, que somos o cabeça de nosso lar, mas no versículo 25 acrescenta que nossa liderança deve ser caracterizada pelo amor. É o amor "ÁGAPE", sacrificial, voluntário. É amar sem esperar ser amado.

Pastor, em algum momento de nervosismo, discutindo com sua esposa, você já perguntou a ela:

- Afinal, quem é o cabeça desta casa?

Em caso positivo, tenho uma coisa para lhe dizer: você está usando sua autoridade para manipular sua mulher e está se excedendo!

A disciplina de nossos filhos também deve ser fundamentada em amor, e não no fato de termos autoridade sobre eles. A disciplina amorosa sempre terá maior aceitação que a imposta pelo poder.

Agora que já descrevemos as áreas em que somos induzidos a utilizar incorretamente o poder que temos, chamo sua atenção para uma passagem das Escrituras que resume clara e firmemente o resultado do abuso de poder. Sou da opinião de que Tiago foi, entre os apóstolos, o que melhor tratou desse assunto. Ele era bem claro ao comunicar

UM TIRANO A SERVIÇO DE DEUS

que não tolerava o favoritismo do rico em detrimento do pobre (Tiago 2.1 a 13). E foi exatamente isso que ocorreu em uma igreja presbiteriana, em Washington D.C., centro do poder político dos Estados Unidos.

O presidente da República na época, Ronald Reagan, costumava freqüentar o culto dominical de uma igreja presbiteriana, cujo pastor era um jovem equilibrado e consagrado.

Sempre que ia à igreja, Reagan sentava-se em um banco especialmente reservado para ele e para sua esposa, protegidos pelos guarda-costas.

Certo domingo, dois rapazes, estudantes universitários, desconhecendo os hábitos presidenciais, sentaram-se no banco a ele destinado.

Imediatamente, dois introdutores aproximaram-se e pediram que saíssem. Os estudantes acataram o pedido e procuraram outro lugar.

O pastor, percebendo o que estava acontecendo, foi discretamente até os rapazes e disse:

- Quero que nos desculpem pelo que acaba de ocorrer. Gostaria que soubessem que em nossa igreja não há distinção entre pessoas, entre o presidente da República e qualquer outro membro. Não vou pedir aos diáconos que os levem outra vez àquele mesmo banco para não atrasar mais o culto. Entretanto, prometo que isso não tornará a acontecer. E após o culto, realmente, deu ordens aos introdutores para que nunca mais tomassem tal atitude.

Tiago ataca a hipocrisia das palavras desacompanhadas de ações condizentes (Tiago 2.14-26). Ele prossegue mostrando o poder nocivo que a língua maledicente causa na igreja (Tiago 3.1 a 12) e não somente isso, dá um recado muito especial aos pastores: *"Meus irmãos, não vos torneis, muitos de vós, mestres, sabendo que havemos de receber maior juízo. Porque todos tropeçamos em muitas coisas. Se alguém não tropeça no falar é perfeito varão, capaz de refrear também todo o seu corpo"* (Tiago 3.12). Ainda no capítulo 4, versículos 13 a 16, ele exorta os que se gabam sobre seus planos futuros e pecam porque assumem o lugar de Deus.

Meus caros irmãos, o Senhor nos tem chamado para ser ministros de Sua graça. É uma posição privilegiada e devemos tomar cuidado para não nos excedermos enquanto usufruímos esse poder. Além dessa posição, Ele nos deu seu Espírito Santo que nos guia, ilumina, conforta, consola e convence do pecado. Infelizmente, nem sempre valorizamos a terceira pessoa da Trindade em nossa vida ministerial. Devemos, periodicamente, relembrar que o poder do Universo habita em nós, e é Ele quem pode nos capacitar a cumprir a tarefa de ministros do Evangelho. Temos ainda em nossas mãos a poderosa Palavra de Deus. Como ela declara sobre si mesma, *"é viva e eficaz, mais cortante do que qualquer espada de dois gumes, e penetra até ao ponto de dividir alma e espírito, juntas e medulas, e é apta para discernir os pensamentos e propósitos do coração"* (Hebreus 4.12).

Ainda sobre poder, é inevitável mencionar o poder da oração. Ela é uma arma definitiva na luta contra as forças espirituais do mal (Efésios 6.10-12). Essa batalha espiritual não pode ser vencida pelo esforço humano. Temos que vestir toda armadura do Senhor para, no mundo, resistir à tentação de utilizar a autoridade de modo abusivo. Precisamos ser homens de oração.

Ao finalizar a descrição da batalha nas regiões celestiais e da vestimenta apropriada que devemos usar nessa luta, Paulo diz: *"Com toda oração e súplica, orando em todo tempo no Espírito..."* (Efésios 6.18).

Quando o homem ora, ele está posicionado ao lado de Deus contra as forças satânicas. Aquele que ora tem a legítima esperança de, em Cristo, receber graça para vencer a tentação de extrapolar no exercício do poder.

Sete

AMIZADE

Passei minha infância e adolescência em um distante lugarejo das montanhas ao norte da Califórnia. Fui criado na roça e freqüentei escolas rurais. Minha família, como já citei em outros livros, sempre foi extremamente problemática. Mas Deus, em Sua imensa bondade, pôs em minha vida um grande amigo, um amigão, Grant Laudenslager.

Dos dez aos quinze anos de idade, éramos inseparáveis. Estudávamos juntos, brincávamos, pescávamos, jogávamos *baseball* juntos e, realmente, não nos separávamos, a não ser quando cada um ia para sua casa dormir, fatigado após um dia de muita movimentação e desgaste de energia.

Desde a época de minha amizade de infância com Grant, em cada época de minha vida o Senhor tem me providenciado amigos valiosos. E considero essa uma grande riqueza que Ele me deu.

Em meus seminários sobre família descrevo as diferenças e as necessidades emocionais e psicológicas entre um homem e uma mulher. É fato consumado que o homem, por natureza, não tem tanta facilidade em se relacionar como a mulher. Ele obtém sua realização mais pelos alvos que consegue alcançar como profissional, enquanto ela, pelos relacionamentos interpessoais. As amizades masculinas se centralizam, em geral, em torno do que cada um realiza. As femininas giram ao redor de um íntimo compartilhar. Os homens têm grande dificuldade em revelar seus sentimentos e fraquezas. As mulheres têm mais facilidade para se abrir mutuamente. Uma demonstração desse fato ocorre em meus aconselhamentos. Setenta por cento dos contatos para aconselhamento são iniciados pelas mulheres. Apenas trinta por cento pelos homens. Em nossa cultura, o homem é ensinado, consciente ou inconscientemente, a ser auto-suficiente, a nunca admitir erros ou fracassos e a estar sempre no controle da situação. Nunca enfrentam um problema que não possam resolver! Esse tipo de postura diminui a possibilidade de serem abertos como as mulheres. Em poucas palavras, o homem, o machão, não precisa de amigos!

Tal pensamento contraria a sabedoria das Escrituras. Logo após a criação do primeiro homem, Adão, Deus disse: *"Não é bom que o homem esteja só"* (Gênesis 2.18). Essa declaração de Deus sobre a natureza do homem é muito importante. Admita-se ou não, todo ser humano precisa se relacionar, seja ele macho, seja fêmea. Seu crescimento, seu significado e sua realização deve também ser baseado em seus relacionamentos, e não somente em seu sucesso como profissional e como pessoa.

Concordo que seja muito relevante para um homem ter em sua esposa "seu grande amigo", mas, ao mesmo tempo, independente do estado civil - solteiro, casado, separado ou viúvo - necessitamos de amizades masculinas. Também precisamos de amigos homens que nos aconselhem, que orem por nós e que nos encorajem. A eles também devemos prestar contas em relação aos nossos compromissos e responsabilidades.

AMIZADE

Observo que grande porcentagem de pastores brasileiros não tem amizades profundas, compromissadas. Infelizmente, em alguns casos nem mesmo suas esposas são suas amigas.

Um pastor pode se sentir muito só no exercício do ministério. Às vezes, por medo de confiar em alguém da igreja, e a pessoa não ser capaz de guardar segredo. E, em geral, não cultivam relacionamentos com outros pastores de sua denominação e, muito menos, de outras.

Sentindo o drama de diversos colegas queridos, gostaria de compartilhar uma ilustração bíblica sobre dois líderes que foram grandes amigos. Sei que você sabe que falo sobre o rei Davi e Jônatas. Que exemplo tocante!

Se fosse preciso definir um homem com enorme carisma, eu citaria Jônatas. Se fosse preciso definir, por sua vez, um homem necessitado de um relacionamento íntimo, profundo e puro, eu também citaria Jônatas.

Israel estava vivendo um momento de domínio filisteu absoluto. Os filhos de Deus se encontravam em uma prisão escura de depressão e desespero. Exceções sempre existem e Jônatas era uma delas. Ele possuía uma perspectiva da situação sob o prisma de Deus. Acreditava que a libertação israelita era vontade do Pai. Enquanto muitos fitavam o chão, ele erguia seu olhar para os céus e aguardava a libertação de Deus.

Armado de coragem e confiança no Senhor e com uma espada na mão, Jônatas e seu escudeiro atacaram sozinhos uma companhia de soldados filisteus. Leia o que Jônatas disse ao seu escudeiro: *"Disse, pois, Jônatas ao seu escudeiro: Vem, passemos à guarnição destes incircuncisos; porventura o Senhor nos ajudará nisto, porque para o Senhor nenhum impedimento há de livrar com muitos ou com poucos"* (1 Samuel 14.6).

Certo do poder e da libertação de seu Deus, ele se arrojou contra mais ou menos duas dezenas de soldados, lutando feroz e bravamente, como uma fera enfurecida. Ele golpeava seus inimigos sem temor, tal era sua certeza de que o Senhor lutava com ele e por ele. Terminada a batalha, aproximadamente, vinte homens em cerca de um quarteirão jaziam em terra sem vida. Jônatas era um guerreiro implacável.

Por seus atos de bravura conseguiu despertar o povo de sua acomodação e passividade. Israel, assim, viveu um breve período de alegria, quando Jônatas mostrou a todos que os inimigos poderiam ser vencidos. Contudo, pelo pecado e pela rebelião de Saul contra Deus, Israel mergulhou em um triste abismo de escravidão (1 Samuel 15 a 17). Jônatas era apenas um homem sozinho tentando levar uma nação à vitória. Era apenas um homem para lutar contra milhares e milhares de inimigos. Jônatas estava só e não encontrava ninguém que compartilhasse de sua fé na grandeza de Deus para dar a vitória a Israel. E até seu coração corajoso foi, finalmente, afetado quando o chão tremeu com as largas passadas do gigante Golias.

E foi nessa situação que ele conheceu Davi. Quase não pôde acreditar quando ouviu o que aquele jovem disse ao gigante: *"Davi, porém, disse ao filisteu: Tu vens contra mim com espada, e com lança, e com escudo; eu, porém, vou contra ti em nome do Senhor dos Exércitos, o Deus dos exércitos de Israel, a quem tens afrontado. Hoje mesmo o Senhor te entregará na minha mão; ferir-te-ei, tirar-te-ei a cabeça, e os cadáveres do arraial dos filisteus darei hoje mesmo às aves dos céus e às bestas-feras da terra; e toda terra saberá que há Deus em Israel. Saberá toda esta multidão que o Senhor salva, não com espada, nem com lança,*

AMIZADE

porque do Senhor é a guerra, e ele vos entregará nas nossas mãos" (1 Samuel 17.45-47).

Após ter ouvido palavras tão corajosas vindas daquele pastor de ovelhas, ele assistiu, entre pasmo e eufórico, o rapaz correr em direção ao gigante e atingi-lo bem na testa, entre os olhos, com uma pedra certeira e mortal lançada de sua funda. Era inacreditável, mas o gigante estava morto. Decididamente, Davi foi até o corpo, cortou a cabeça da monstruosa figura e a exibiu ao povo. Depois, calmamente, entregou aquele "troféu" ao pai de Jônatas, o rei Saul. Finalmente, Jônatas havia descoberto alguém cujo coração estava sintonizado com o dele. Alguém que sabia que lutavam em nome do Senhor Deus dos Exércitos!

O que se segue é o desenvolvimento de uma das amizades mais celebradas da literatura bíblica. Nela detectamos os fatores essenciais para uma amizade genuína e profunda.

O ENCONTRO DE DUAS ALMAS GÊMEAS

O elemento inicial na grande amizade que cresceu entre ambos foi a mutualidade de suas almas. Como o registro das Escrituras Sagradas diz: *"A alma de Jônatas se ligou à de Davi..."* (1 Samuel 18.1). Houve uma simpatia que aproximou a ambos.

Os dois tinham uma visão divina, um entendimento idêntico relativo às coisas de Deus: o Senhor de Israel é soberano, cumpre Sua vontade, e a vida deve ser vivida para Ele. Quando Jônatas viu essa mesma fé em Davi, sua alma se ligou à dele e houve a identificação: "Eis aqui um homem cujo coração palpita como o meu!".

Essa é a melhor identificação para o início de uma amizade que se tornará profunda. Isso não significa que amigos íntimos pensem sempre do mesmo modo. Às vezes, suas opiniões se chocam, mas concordam na maneira como encaram a vida. Creio que uma amizade cristã pode superar qualquer amizade não cristã porque se baseia na mutualidade sobrenatural da alma. É o Espírito Santo que faz duas almas cantarem uma mesma canção.

Irmão pastor, desejo sinceramente que Deus lhe dê um, dois ou três amigos assim. Esse é um dos maiores presentes da vida. O Senhor tem sido gracioso comigo dando-me alguns amigos bem próximos. Com eles não preciso usar máscara, posso ser totalmente autêntico. Eles me aceitam como sou. Eles me entendem, oram por mim, me aconselham e encorajam. E além disso, eles também têm uma coisa muito importante: sabem guardar segredos!

AMOR INCONDICIONAL

Em 1 Samuel 18.1 lemos: *"... e Jônatas o amou como à sua própria alma"*. Essa não é uma declaração fantástica? De repente, ele amou. Não foi um amor desenvolvido ao longo dos anos. Não, ele aconteceu como se fosse um relâmpago inesperado. Jônatas era carente nessa área de sua vida e quando entendeu que o pastorzinho Davi pensava como ele, também amava a Deus do mesmo modo e era corajoso o bastante para lutar contra os opressores do povo, ele o amou.

Mas o amor tem um preço. Amando a Davi, ele se punha em uma condição vulnerável entre o ciúme doentio do pai e a descoberta de um grande amigo.

AMIZADE SÉRIA E PROFUNDA DEMANDA COMPROMISSO

O compromisso demonstrado por Jônatas em relação a Davi é concretizado quando ele dá alguns presentes ao amigo em uma linda simbologia de sua humilde entrega: *"Jônatas e Davi fizeram aliança; porque Jônatas o amava como à sua própria alma. Despojou-se Jônatas da capa que vestia e a deu a Davi, como também a armadura, inclusive a espada, o arco, e o cinto"* (1 Samuel 18.3,4).

O filho do rei de Israel, que certamente herdaria o trono despiu-se humildemente da capa de príncipe que vestia e a pôs sobre os ombros de um menino, um simples pastor de ovelhas. Esse ato que honrou Davi tornando-o seu igual, também fez de ambos alvos vulneráveis do rei.

Vestir a capa real era uma honra indiscutível. Era o símbolo que identificava Jônatas como futuro rei e foi dado, espontaneamente, a um jovem servo, deixando assim o caminho do trono livre para ele. Talvez tenha sido realmente um gesto profético. Talvez Jônatas soubesse que Davi fora ungido por Deus para ser, no lugar de Saul, rei em Israel. Como homem de grande visão, ele ignorou qualquer cobiça pelo trono que um dia seria seu, mas priorizou a vontade do Senhor, pondo-se ao lado de Davi como seu segundo.

E não é essa imagem que antecipa o despojado e incondicional amor de Jesus Cristo por nós? Ele esqueceu Sua majestade e, por amor, fez-se um humilde servo. A amizade de Jônatas e Davi nos faz compreender melhor a amizade do Senhor Jesus por nós.

Nas melhores amizades a entrega é um elemento prioritário juntamente com a alegria pelo sucesso do outro. Não deve haver manipulação, ciúmes, competição danosa entre as duas pessoas. Se surgir é importante que seja detectado e tratado.

Você tem a felicidade de ter, pelo menos, um amigo assim? Eu tenho.

FIDELIDADE

Fidelidade é o quarto elemento que deve compor uma amizade genuína.

Enquanto a amizade crescia, Jônatas foi integralmente fiel a Davi. Uma análise mais profunda dessa atitude causa-nos impacto pelo fato de que Jônatas optou por agir assim, mesmo frente às ameaças de seu pai violento e obsessivamente ciumento.

Quando Saul falou mal de Davi na presença de Jônatas, este o defendeu. Em outra ocasião, ele persuadiu o rei a não ferir Davi, promessa que Saul cumpriu por pouquíssimo tempo.

A lealdade é indispensável para que uma amizade séria sobreviva. Quantos amigos têm se separado definitivamente devido a uma conversa ou a uma atitude desleal? Muitos relacionamentos prazerosos e saudáveis acabaram porque no momento de maior necessidade o amigo não apareceu para socorrer nem esteve ao lado quando mais precisaram dele.

O ENCORAJAMENTO MÚTUO

Davi enfrentou tempos difíceis quando foi implacavelmente perseguido por Saul que estava enfurecido e cego

AMIZADE

devido à inveja e aos ciúmes doentios. Ele vivia exilado, às vezes, escondido em cavernas e covas.

Alguns dos mais belos salmos de Davi foram escritos durante esse período de tremenda aflição. Por exemplo, quando Davi libertou uma pequena cidade chamada Queila (1 Samuel 23) do jugo dos filisteus tomou conhecimento que os cidadãos daquele lugar conspiravam para entregá-lo a Saul. Desanimado, ele fugiu. Contudo seu grande amigo Jônatas apareceu para resgatá-lo: *"Então se levantou Jônatas, filho de Saul, e foi para Davi a Horeza e lhe fortaleceu a confiança em Deus e lhe disse: Não temais porque a mão de Saul, meu pai, não te achará; porém, tu reinarás sobre Israel..."* (1 Samuel 23.16,17).

Que grande amigo! Provérbios 17.17 diz: *"Em todo tempo ama o amigo e na angústia se faz o irmão"*. Jônatas era como um irmão para Davi.

O encorajamento de Jônatas em uma hora tão crítica excedia as meras palavras de conforto. O versículo diz que ele fortaleceu a confiança que Davi punha em Deus. Jônatas reergueu a cabeça do amigo para que ele compreendesse a situação sob a perspectiva divina.

O auge de seu compromisso de amizade se deu quando ambos fizeram a aliança de que se um morresse, o outro cuidaria de sua família. Assim, eles uniram sob o compromisso de lealdade indestrutível não só suas vidas, mas também a de seus descendentes.

Davi foi predestinado por decreto divino a ser rei. Ele e Jônatas planejaram trabalhar lado a lado durante esse reinado. Contudo, infelizmente, Jônatas e seus irmãos morreram juntamente com o pai deles, no monte Gilboa, quando caíram diante dos filisteus (1 Samuel 31). Davi ficou

PASTORES EM PERIGO

esmagado pela tristeza ao receber a notícia. Em seu luto pela perda do amigo, escreveu um lamento e ordenou que todos os homens de Judá o repetissem. Esse lamento termina com estas palavras:

"... Como caíram os valentes, no meio da peleja! Jônatas sobre os montes foi morto! Angustiado estou por ti, meu irmão Jônatas; tu eras amabilíssimo para comigo! Excepcional era o teu amor, ultrapassando o amor de mulheres. Como caíram os valentes, e pereceram as armas de guerra!" (2 Samuel 1.25-27).

Afirmar que o amor entre ambos ultrapassava o amor de mulheres poderia ser um testemunho triste da infelicidade de seus casamentos poligâmicos. Um resultado inevitável do pecado, já proibido por Deus em Deuteronômio 17.17, de ter muitas mulheres.

No entanto, é necessário deixar absolutamente claro que não encontramos o menor vestígio ou pista de qualquer atração ou pecado homossexual entre eles, mas sim de uma verdadeira declaração de um autêntico relacionamento de amigos baseado na descoberta de duas almas que se compreendiam no amor incondicional, no compromisso, na fidelidade e no encorajamento. É provável que Davi nunca mais tenha experimentado qualquer outro relacionamento de amizade tão íntimo e profundo.

Ainda em relação à suspeita de que a amizade dos dois ultrapassava as características do relacionamento fraternal, se isso fosse verdadeiro a lei, segundo a tribo dos levitas, mandava apedrejar os que cometiam tal pecado. A Bíblia nunca escondeu qualquer deslize do rei Davi, ao contrário, declarou-os honestamente. Então, por que mentiria a esse respeito, sendo que Davi declarou seu amor por Jônatas publicamente, para todo o povo que entendeu perfeitamente o que ele queria dizer. Se não fosse assim, o escândalo seria enorme e a situação inaceitável para os daquela época.

Meu amigo pastor, o ministério é para homens adultos, corajosos e comprometidos. É um trabalho duro que requer persistência.

O homem, quando no pastorado, enfrenta pressões e estresses que demandam ser compartilhados com amizades profundas. Precisamos parar de ser homens solitários que lutam sozinhos para prosseguir com a obra do Senhor nas igrejas. Temos de reconhecer nossa desesperadora necessidade de amizades como a de Davi e Jônatas.

Senhor,

Obrigado por ter me revelado alguns aspectos sobre a amizade entre dois homens. Às vezes, sinto inveja de um relacionamento assim, pois penso que por não tê-los minha vida torna-se empobrecida.

Dê-me, Pai, ao menos um Jônatas. Dois ou três seriam ainda melhor.

Obrigado, Deus, principalmente por eu poder contar com a Sua amizade.

Em nome de Jesus, meu amigo.

Amém!

Oito

SITUAÇÃO PERIGOSA

A cobiça é como um animal selvagem. Mesmo que se façam tentativas de domá-lo durante o dia, à noite surge mais selvagem ainda em nossos sonhos. E justamente quando nos sentimos seguros, ela emerge das profundezas e nos lança um olhar de cinismo. Não há rio com volume de água suficiente para esfriá-lo e nem afogá-lo. Ó, Pai Onipotente, por que destes ao homem tão mesquinho sentimento?

Frederick Buechner

Há alguns anos passei por uma situação extremamente desconcertante. Estava em João Pessoa, capital do Estado da Paraíba, ministrando meu curso para jovens em uma igreja. Era uma quinta-feira, última noite do seminário. Após a reunião, muito cansado, voltei para o hotel e rapidamente estacionei o carro na garagem. Geralmente, viajo em companhia de minha esposa ou com um irmão que me auxilia nos seminários. Naquela ocasião, porém, estava só, tentando diminuir as despesas.

Peguei minha chave na recepção do hotel e caminhei em direção ao elevador, ansioso por chegar ao meu quarto e poder descansar.

No entanto, bem ali, ao lado, ficava a boate do hotel. Eu podia ouvir o som de uma música bem lenta e entrevia a penumbra do ambiente. Certamente, bebidas e mulheres completavam o cenário local. Muitos homens de negócios que se hospedam em hotéis costumam freqüentar essas boates em busca de uma companhia feminina para quebrar a monotonia de uma viagem enfadonha.

Repentinamente, uma mulher saiu dali e veio em direção ao elevador em que eu acabara de entrar. Esperei que entrasse e, por educação, perguntei-lhe qual era o andar em que iria, já que eu estava ao lado dos botões indicadores.

Sua resposta deixou-me abismado:

- O andar que você quiser!!

Muito constrangido e assustado, já que não sou nenhum Tom Cruise, fiz questão de dizer-lhe que era casado e que tinha um compromisso definitivo com minha esposa.

Ela, porém, continuou firme em seu ataque:

- Isso não tem nada a ver. Você é de São Paulo, não é? Pois então, assim longe de sua casa quem é que vai saber?

Posso afirmar que vi diante de mim a mulher de Potifar, do Antigo Testamento, e pude avaliar o drama vivido pelo patriarca José.

Novamente, disse a ela que não aceitava seu convite.

Felizmente, o elevador chegou ao meu andar e muito nervoso, até trêmulo, sai dali apressadamente rumo ao meu quarto.

Ela não gostou da negativa e seguiu-me esbravejando "doces e maravilhosos" impropérios que fariam corar até o homem mais malandro da face da terra.

O corredor era escuro e foi difícil abrir a porta (uso óculos e tenho dificuldade para enxergar até no claro!).

SITUAÇÃO PERIGOSA

Por fim, quando consegui abrir, precisei forçar a porta para poder fechá-la!

Ajoelhei-me, então, ao lado da cama e agradeci, chorando, ao Senhor por sua proteção contra as ciladas do inimigo e pela vitória que me dera.

Aquela experiência foi importante para que eu lembrasse de minha vulnerabilidade e de que não estou isento de uma queda.

Diante disso, consideremos a falha moral de um dos mais famosos personagens da história humana, o rei Davi. O registro se inicia com Davi no auge de sua brilhante carreira (2 Samuel 11). De fato, não houve na história bíblica homem mais bem-sucedido. Desde sua infância sempre foi apaixonado por Deus e era possuidor de imensa integridade de alma. Isso pode ser confirmado pelas próprias palavras do profeta Samuel ao ungi-lo rei: *"... porque o Senhor não vê como vê o homem. O homem vê o exterior, porém o Senhor vê o coração"* (1 Samuel 16.7). Deus se agradou do que viu no coração de Davi.

Ele era um homem muito corajoso. Isso ficou totalmente evidenciado em seu encontro com Golias. Tal como um super-herói enfrentou o gigante e com precisão lançou a pedra que aplacou para sempre o furor daquela imensa criatura.

Davi tinha uma personalidade sangüínea. Era alegre, entusiasta e confiante. Certamente, transbordava um irresistível carisma. Também foi um grande poeta, o salmista de Israel. O homem segundo o coração de Deus. Sob sua liderança, Israel se uniu como nação e se fez vitoriosa de guerra em guerra.

É quase impossível considerar Davi como um provável candidato ao desastre moral. Ocorreram, porém, falhas e fracassos em sua conduta que propiciaram uma tragédia.

Gostaria de citar alguns passos que, segundo meu modo de entender, precipitaram sua desgraça e prejudicaram terrivelmente sua família e a própria nação.

Primeiramente, menciono sua absoluta insensibilidade, característica oposta à de um poeta, não é? Bem, 2 Samuel 5 descreve o crescimento do poder de Davi, em Jerusalém. Ao lado disso, lemos: *"Tomou Davi mais concubinas e mulheres de Jerusalém, depois que viera de Hebrom, e nasceram-lhe mais filhos e filhas"* (2 Samuel 5.13).

Quero deixar claro que adicionando novas esposas a sua já numerosa família, ele estava pecando. Em Deuteronômio 17.16,17, temos os padrões estabelecidos por Deus para os reis hebreus. Três atos eram proibidos:

1. Multiplicar para si cavalos;
2. Multiplicar para si mulheres;
3. Multiplicar para si prata e ouro.

Aparentemente, ele foi obediente ao Senhor quanto ao primeiro e ao terceiro itens, porém, desobedeceu totalmente ao "colecionar" um grande número de mulheres em seu harém.

Essa insensibilidade progressiva em relação ao pecado e a simultânea e conseqüente queda interior de sua santidade acabaram se enraizando na vida do rei.

A cultura dos dias de Davi permitia, legalmente, ter várias esposas, o que não era encarado como adultério no caso do homem ser rei. Mesmo assim, essa indulgência

SITUAÇÃO PERIGOSA

anestesiou-o em relação ao chamado de Deus, ocasionando sua destruição. Davi abraçou cultural e socialmente algo a que Deus já dissera NÃO, tornando-se uma presa fácil do diabo.

Meu amigo, até que ponto as "sensualidades legais" de nossa cultura, as indulgências aceitáveis o estão anestesiando? As longas e indiscriminadas horas diante da TV, as piadas "meio sujas" que não devem estar na boca dos pastores já não lhe causaram constrangimento? Será que os constantes aconselhamentos com os mais diversos fatos sexuais não contaminam sua mente dando lugar a uma série de pensamentos obscenos? Tudo isso pode fazer parte da anestesia mental que antecede a uma queda.

A segunda falha de Davi que o tornou vulnerável foi o relaxamento para com os rigores e para com a disciplina que costumava ter.

É provável que, nessa época, ele tivesse quarenta anos. Como rei e guerreiro de Israel vivenciara um sem-número de campanhas militares vitoriosas. Isso pode explicar a frase de 2 Samuel 11.1: *"Decorrido um ano, no tempo em que os reis costumavam sair para a guerra... Davi ficou em Jerusalém"*. Talvez ele não tenha julgado sua presença necessária na batalha, afinal Joabe, seu capitão, era muito competente à frente do exército. Quem sabe Davi chegou a pensar que era hora de tirar umas férias, das quais era inteiramente merecedor.

O problema não se resume à sua decisão de relaxar para descansar, mas do fato que ele estendeu esse "relaxamento" à sua vida moral.

Com certeza, não sabemos tudo o que ele sentiu e pensou naquela tarde ao levantar-se de seu leito para passear na varanda do palácio. Contudo, temos certeza de algo. Aquele momento transformou-se em uma ocasião de vulnerabilidade. Davi não suspeitou que alguma coisa fora do comum aconteceria naquela tarde de primavera.

Pastores, que isso seja uma lição para nós. Justamente quando nos julgamos mais fortes, mais seguros, mais espirituais, precisamos nos precaver e continuar nos esforçando para manter nossa integridade e as disciplinas de santidade, pois a tentação virá.

O terceiro passo na decadência moral da vida do rei Davi foi sua fixação. Imagino que o dia fora quente. Já escurecia e brisas mais agradáveis começavam a soprar. O rei subiu até a varanda para respirar o ar fresco do fim da tarde e admirar o pôr-do-sol. De repente, enquanto olhava a paisagem, seus olhos pousaram sobre as curvas de uma linda mulher banhando-se, nua. Ela era jovem. As sombras do início da noite a tornavam ainda mais sedutora. O rei a olhou. Ah, Davi! Se naquele instante você tivesse voltado ao seu quarto e para suas esposas, teria poupado muito sofrimento para si mesmo, para sua família e para sua nação. Além disso, você não seria hoje citado como ilustração de um homem que cedeu aos apelos do pecado.

É verdade que o homem adora olhar, e que a mulher adora ser olhada. O homem é atingido intimamente por meio do olhar. É por isso que Jó disse: "Fiz uma aliança com meus olhos, como pois os fixaria numa donzela?" (Jó 31.1). Por que ele fez esse voto? Ele sabia que os olhos do homem são as janelas de sua alma. Eles são a chave de sua vulnerabilidade.

O olhar de Davi tornou-se pecaminoso e deu lugar a um desejo ardente. Seu coração começou a bater descontroladamente, e ele ficou obcecado pela idéia de possuir aquela

SITUAÇÃO PERIGOSA

mulher. Naquele instante, Davi que era um homem segundo o coração de Deus, transformou-se em alguém dominado pela sua paixão. A fixação cheia de cobiça apossou-se de seu ser e ele nem sequer disfarçou seus sentimentos.

Quer seja um homem casado quer não, esse é o sentimento que faz que Deus seja esquecido. O rei perdeu completamente a capacidade de recordar que o Senhor o chamara, que fora ungido em santidade e privilegiado em sua posição de soberano.

Meu amigo pastor, Deus tem se desvanecido de sua vista? Houve época em que você O viu claramente e "em cores", mas agora sua visão está embaçada? Você tem uma fixação ilícita? O mais importante em sua vida é seu desejo? Se sua resposta for SIM, você está caminhando para um declive que poderá precipitá-lo, bem como a sua família, em um profundo precipício.

Da fixação mortal, o rei Davi desceu ainda mais um nível, foi para o quarto passo, o da racionalização. Quando seu propósito tornou-se aparente aos servos da casa, um deles tentou dissuadi-lo, dizendo: *"É Bate-Seba, filha de Eliã, e mulher de Urias, o heteu"*. Mas Davi bloqueou seus ouvidos e sua razão.

Não quero ser rigoroso demais com esse grande homem de Deus, pois eu não estava ali com ele quando viu Bate-Seba e não senti em minha pele sua tentação (apesar de já ter enfrentado outras), mas conhecendo o coração do homem, que é desesperadamente corrupto (Jeremias 17.9), e os ferozes e implacáveis ataques satânicos, penso que talvez ele tenha racionalizado mais ou menos assim:

"Urias é um grande guerreiro, mas não tão bom marido. Sua esposa Bate-Seba deve estar carente, pois seu esposo já está viajando há muito tempo. Ela precisa de uma pessoa presente. Estou pronto a ajudá-la! Ninguém sairá machucado. Estou preocupado com seu bem-estar. Não será como um encontro com uma prostituta. Enfim, tenho trabalhado muito e também preciso relaxar. Deus sabe que também tenho necessidades". E por aí afora vão as racionalizações de nosso coração para acalmar nossa consciência.

Alguns líderes cristãos do Brasil têm até sugerido que a poligamia não é tão errada, levando em conta que Deus permitiu a Davi e a outros homens bíblicos terem várias esposas e concubinas. Parece-me óbvio que aqueles que citam tal possibilidade nunca examinaram com cuidado a série de desgraças que esse pecado de Davi desencadeou. Elas vão desde o assassinato de Urias até a conspiração para matar o próprio Davi, planejada por seu filho Absalão, a quem o monarca tanto amava.

Homens, nunca podemos menosprezar o fato de que a mente tem imensa capacidade de justificar-se quando influenciada pelo pecado.

O fim lógico nesse processo de insensibilidade, relaxamento, fixação e racionalização é uma queda em espiral descendente que termina em degeneração.

Quando comunicaram a Davi que ele engravidara a Bate-Seba, imediatamente ele procurou arquitetar um plano para encobrir seu pecado. Era todo baseado em mentiras, hipocrisias, falsidade, medo e assassinato. É inacreditável que um homem tão consagrado viesse repentinamente a se tornar um assassino.

Sabemos bem o plano que Davi engendrou: providenciou uma licença para que Urias regressasse do campo de batalha para que, de volta ao lar, saudoso da esposa tivesse relações

Situação perigosa

sexuais com ela. Mas toda sua mirabolante idéia fracassou e sua única saída foi matar o soldado fiel e marido traído.

É interessante notar que Urias era um homem melhor, mesmo embriagado (porque foi fiel ao seu comandante e aos seus soldados), que Davi sóbrio (porque foi infiel a sua família, com seu povo, com seu Deus). Que tragédia para um homem que foi um instrumento tão útil nas mãos do Senhor!

Um ano depois, quando Davi foi confrontado pelo corajoso profeta Natã, arrependeu-se profundamente e pediu perdão a Deus. Não há dúvida alguma de que o Senhor verdadeiramente o perdoou.

No entanto, como não poderia deixar de ser, as conseqüências daqueles atos não puderam ser anuladas.

Caro pastor, é sempre positivo estudar novamente 2 Samuel 11 a 16 e, depois, reavaliar o preço a ser pago para satisfazer o apelo da cobiça e da paixão.

Uma das realidades mais desgastantes de meu ministério é ter de lidar constantemente com casos de separação e divórcio. Eles ocorrem em proporções epidêmicas dentro e fora da igreja. Contudo, mais triste que essa realidade é presenciar um valoroso homem de Deus, um instrumento Dele, cair moralmente, desqualificando-se para o ministério o que resulta no empobrecimento da Igreja e do Reino de Deus.

Não temos na história da Igreja brasileira nenhuma pesquisa oficial com dados estatísticos sobre a situação dos pastores e de suas famílias. Mesmo assim, posso afirmar categoricamente que atravessam uma perigosa crise.

Neste exato momento, estou me lembrando de um recente caso de aconselhamento. Fui procurado por uma jovem de 27 anos, solteira, consagrada e fiel a Deus. Chorando bastante, ela me contou que participara de um grande congresso de pastores fora de seu estado de origem. Sendo secretária de uma importante igreja e conhecida por muitas pessoas evangélicas de sua cidade, após os quatro abençoados dias de congresso, com oração, meditação, e edificantes estudos bíblicos, recebeu de um dos famosos pastores da região uma oferta de carona para a viagem de volta. Ingenuamente, aceitou o convite, pois além de chegar mais cedo em casa, não teria de viajar sozinha.

Algumas horas depois, qual não foi a surpresa da jovem quando o "digno" pastor propôs-lhe que parassem em um motel e até quis lhe pagar para ter relações sexuais.

Eu mesmo, estupefato e revoltado, entendi a atitude de tristeza, desânimo, desilusão, desprezo e revolta demonstrada por aquela moça. Como não podia ficar só no meio de uma estrada deserta, ela foi obrigada (após recusar veementemente o convite) a, enojada, contrariada e humilhada, continuar no carro daquele homem detestável. Seu desejo era descer, virar as costas e apagar de sua mente aquele momento e aquele pastor.

Isso ilustra a condição espiritual de alguns dos "líderes" de nossas igrejas, e a situação desesperadora de seus relacionamentos conjugais.

A conhecida e bem conceituada revista americana *Christianity Today* "Cristianismo Hoje" fez uma pesquisa confidencial entre pastores dos Estados Unidos. Eis aqui alguns dos resultados:

1. Durante o tempo em que está no ministério da igreja local, já teve algum comportamento que consideraria

SITUAÇÃO PERIGOSA

sexualmente inadequado? (A expressão "comportamento inadequado" está um pouco indefinida, então considere algo entre flertar até adultério, propriamente dito).
SIM – 23%   NÃO – 77%

2. Você já teve algum contato sexual com alguém (que não sua esposa) desde que está no ministério da igreja local?
SIM – 12%   NÃO – 88%

3. Você já teve algum contato sexual com alguém (que não sua esposa) desde que está no ministério? Ex.: beijo apaixonado, carícias, masturbação mútua etc.
SIM – 18%   NÃO – 82%

Se fizéssemos uma pesquisa semelhante entre nossos queridos pastores brasileiros, qual seria o resultado? Eu não sei. O que sei é que os pastores brasileiros também enfrentam sérias dificuldades e o reflexo disso é a situação caótica em que vivem muitas famílias de suas igrejas.

Antes de continuarmos, será necessário definirmos exatamente o que é o adultério. E é isto que farei no capítulo a seguir.

Nove

COMO ISSO PODE ACONTECER?

"O diabo é como um cachorro louco acorrentado. Não é capaz de nos prejudicar quando estamos fora de seu alcance, mas se entrarmos em sua esfera de ação, nos expomos a ser alcançados e até mordidos".

Aurelius Augustine

O que é adultério?

Talvez, pastor, você julgue desnecessário definir algo tão comum em seus aconselhamentos ministeriais. Mesmo assim, vou fazê-lo.

No sentido técnico, é o encontro sexual voluntário de uma pessoa casada com alguém que não seja legalmente seu cônjuge. Entretanto, em uma definição mais significativa podemos dizer que é um escape da realidade, a busca de um significado de vida diferente, fora dos laços do casamento.

Qualquer pastor pode testificar o fato de que o adultério está aumentando em proporções alarmantes no âmbito da igreja. Ainda pior, ele tem atingido até mesmo a liderança.

Fui convidado a ministrar em certa igreja de uma das capitais brasileiras. No decorrer do seminário, percebi que o Espírito Santo não tinha liberdade de atuação entre os assistentes. Eu sentia o ambiente pesado. Fiquei intrigado e preocupado. Em um intervalo, procurei o pastor e mencionei minha inquietação.

Ele abaixou a cabeça e respondeu envergonhado:

- Sabe, pastor Jaime, eu não lhe disse antes receoso de que você não aceitasse nosso convite. Temos três presbíteros em pecado de adultério aqui na igreja.

Fiquei muito indignado com aquela situação e lembro-me de que respondi ao pastor o seguinte:

- Realmente, se eu soubesse não viria. Na realidade, estou louco para arrumar minhas coisas e ir embora. Contudo, reconheço a necessidade do povo ouvir a Palavra. Vou completar o curso, mas estou triste por não poder ver a obra de Deus ter plena liberdade devido ao pecado dos líderes do rebanho.

Mais recentemente, temos ouvido grandes e conceituados pregadores falando com veemência em justiça nos púlpitos, enquanto praticam injustiça nos motéis de suas cidades. Abanamos a cabeça em reprovação quando temos notícia de pastor que prega fervorosamente algo em público e, por outro lado, faz o oposto em sua privacidade.

Como isso pode acontecer? Como um ungido de Deus pode cair a tal ponto?

Geralmente, tudo se inicia quando há descontentamento no casamento, os sentimentos do casal mudaram e não houve empenho em resolver a situação. Nada mais é como no namoro, no noivado e nos primeiros anos de casamento. Não existem mais os bons tempos do início do relacionamento. Raramente ambos desfrutam de uma comunicação

Como isso pode acontecer?

agradável, gostosa e profunda e há ausência de realização sexual. Quem sabe esse seja um dos fatores que têm facilitado os ataques satânicos à vida do líder.

Para alguns pastores, a crise da meia-idade ou a "idade do lobo", como é popularmente conhecida, tem contribuído para a queda moral. Certos comentaristas bíblicos explicam essa fase como a responsável pela derrocada do grande rei Davi. É difícil avaliar, pois alguns homens parecem nem ser afetados por esse período, enquanto outros o atravessam sob muita luta.

Entre 35 e 45 ou 48 anos, às vezes mais às vezes menos, uma série de dificuldades se apresentam para alguns homens que:

- Começam a reconhecer que não alcançaram seus alvos profissionais e questionam a si mesmos se chegarão a atingi-los;
- Ficam em dúvida se devem ou não mudar de carreira. Os pastores, em especial, chegam a se questionar se querem realmente gastar toda a vida no ministério ou fazer outra faculdade e tentar uma nova profissão;
- Percebem que os melhores cargos são entregues a homens mais jovens e mais bem preparados. Vêem rapazes saindo do seminário e ganhando o púlpito de igrejas maiores e mais influentes que a sua;
- Começam a notar que não são mais o centro da engrenagem que move o lar. Os filhos cresceram e estão na faculdade, trabalhando ou se preparando para casar;
- Querem descobrir se ainda são atraentes e, por esse motivo, muitos tornam-se vulneráveis a um

envolvimento com outra mulher. A base desse problema é, na maioria das vezes, a identidade abalada, por isso ficam mais sensíveis aos elogios do sexo oposto. Vejamos o que Salomão (que entendia bem desse assunto...) tem a dizer a esse respeito:

"Porque o mandamento é lâmpada e a instrução luz, e as repreensões da disciplina são o caminho da vida; para te guardarem da vil mulher e das lisonjas da mulher alheia. Não cobices no teu coração a sua formosura, nem te deixes prender com as suas olhadelas. Por uma prostituta o máximo que se paga é um pedaço de pão, mas a adúltera anda à caça de vida preciosa. Tomará alguém fogo no seio, sem que as suas vestes se incendeiem? Ou andará alguém sobre brasas, sem que queimem os seus pés? Assim será com o que se chegar à mulher do seu próximo; não ficará sem castigo todo aquele que a tocar" (Provérbios 6.23-29).

Querido pastor, se sua esposa não o elogia, não o respeita e não o admira, você pode se pôr em situação perigosa se valorizar demais as lisonjas que as mulheres da igreja lhe fizerem. Facilmente, quase de modo imperceptível, você poderá se apaixonar. Cuidado!!!

Robert Murray McCheyne escreveu a um estudante de teologia que se preparava para o ministério e, em sua carta, desafiou-o a manter um coração puro, com as seguintes palavras: *"Um santo homem de Deus é uma arma poderosíssima nas mãos do Senhor"*.

Por outro lado, se você brincar com suas emoções cometendo adultério mental, emocional ou físico e continuar a subir ao púlpito, domingo após domingo, rogo em nome de Jesus que abandone o ministério imediatamente, porque além de destruir a si, a sua família e a sua igreja, você corre o risco de arrastar a reputação do Senhor Jesus Cristo para a lama, por causa de uma incontrolável cobiça. Melhor será que você se arrependa, confesse e abandone esse pecado antes que suceda uma divisão em seu rebanho, antes que você cause desconfiança e vergonha à mulher de sua mocidade ou manche ainda mais a integridade da Igreja de Jesus Cristo. Se, por alguma razão, você não puder ou não quiser fazê-lo, abandone o ministério.

Peço perdão por minha franqueza sobre tal questão, mas diante da situação que enfrentamos hoje em nossas igrejas faz-se necessário uma palavra firme.

Bem, após analisar a queda de Davi no capítulo anterior, quero agora fazer o mesmo em relação ao que induz o pastor a desconsiderar toda sua crença e fé e dar ouvidos a Satanás e suas promessas. É preciso identificar essas artimanhas para que possamos fugir delas. Correndo até, se for o caso. Acredito que o processo seja mais ou menos assim:

PROPENSÃO EMOCIONAL E ESPIRITUAL

O pastor, em geral, torna-se vulnerável quando algo está acontecendo em sua vida espiritual e em seu casamento, causando distanciamento entre ele e sua esposa. Pastor, temos que diariamente cuidar de nossa pulsação espiritual. Existe um caminho percorrido até que ocorra o real "mergulho de cabeça" e o pastor se decida a "jogar fora" sua família, sua reputação e seu ministério. Naturalmente, nem todos ocorrem da mesma forma, porém, alguns aspectos são constantes na maioria dos casos. Vejamos:

ENCONTRO INOCENTE

Um encontro casual, ele a vê em uma festa da igreja ou em casa de algum irmão. Ambos conversam, e ela passa a ser a personagem central de seus pensamentos.

ENCONTRO INTENCIONAL

Pode parecer um encontro inesperado, aliás é bom que dê essa impressão, mas, na verdade, houve manipulação para que ambos voltassem a estar juntos.

TEMPO GASTO EM PÚBLICO

Ficam conversando além do tempo quando não há mais ninguém na igreja. É claro que todos pensarão que se trata de um aconselhamento pastoral e julgarão normal.

TEMPO GASTO EM PARTICULAR

Nesse ponto há um isolamento proposital e confissões de frustrações mútuas. Talvez seja sem perceber, mas estão solidificando seu relacionamento emocional.

ISOLAMENTO VOLUNTÁRIO

É um tempo reservado para o prazer mútuo. Há um clima romântico, agradável, excitante e eufórico. Trocam abraços, beijos e estão a um passo da relação sexual.

Como isso pode acontecer?

Relacionamento sexual

É a liberação total dos sentimentos. A culpa se instala no coração, porém encontram uma forma de racionalizar o procedimento.

Aceitação total da realidade

Pelo envolvimento em uma relação extraconjugal precisam lidar com:

- Medo: O que acontecerá se descobrirem?
- Culpa: O que faço com esse sentimento?
- Hipocrisia: O que faço para não perceberem minha vida dupla?
- Mentira: Como vou explicar o atraso a minha esposa?
- Vergonha: O que pensarão de mim?
- Perigo de terminar o casamento: será que precisarei chegar a esse extremo?
- Desqualificação para o ministério: O que direi ao meu rebanho? Como poderei pregar sobre família?

Caro pastor, para que isso nunca venha a ocorrer, quero finalizar compartilhando alguns cuidados a serem tomados. Precisamos adotar certos procedimentos para evitar que sejamos traídos por nossas paixões:

1. Entenda que você é vulnerável; que não é super-homem nem gigante espiritual. Seus pés são de barro;
2. Tome cuidado para que a racionalização não o domine;

3. Procure um amigo confiável que o aconselhe e socorra. Uma pessoa a quem você preste contas regularmente;

4. Pense no preço que terá de pagar se ocorrer uma queda moral, bem como em sua esposa, em seus filhos, em sua igreja, em seu ministério e no nome de Cristo;

5. Faça constantes investimentos em seu relacionamento conjugal para reconstruir e aprofundar o amor entre ambos. Crescer no amor é um ato intencional e requer muita dedicação e compromisso.

6. Ore muito para ter a disposição de ser o *"marido de uma só mulher"* (1 Timóteo 3.2).

Meu querido colega,
Temos uma posição privilegiada. Deus deseja nos usar poderosamente nesta fase crucial da história brasileira, nesta época de pós-modernismo em que tudo é válido e em que o relativismo impera. Entendo que o pastorado realmente não é um chamado fácil, pois ficamos expostos dando chance às investidas de Satanás, que se esforça arduamente para nos ver derrotados moralmente.

Encorajemo-nos, portanto, como colegas e irmãos a manter as disciplinas da fé e a estarmos sempre em alerta contra as tentações que nos sobrevierem.

Dez

ANOREXIA E BULIMIA

Em pesquisa feita entre os pastores evangélicos do Brasil, foram levantadas doze dificuldades que eles enfrentam em sua vida e ministério. Os pesquisados eram provenientes de diversas denominações, diferentes níveis culturais e financeiros, de grandes centros urbanos e de zonas rurais. Segue a relação dessas dificuldades:

- A maioria dos pastores sente-se incapaz de realizar seu ministério de maneira adequada.
- Uma grande porcentagem de pastores está desanimada. Muitos deles sentem-se derrotados.
- A esposa do pastor, em muitos casos, está ferida, magoada e com enorme carência emocional.
- A solidão em que o pastor vive é uma de suas grandes lutas.
- Muita liberdade tem feito do pastor o dono absoluto de todas suas ações, não tendo ninguém a quem prestar contas.
- A vida devocional, quando existente, é mantida sob imenso esforço. Alguns já desistiram de cultivá-la; outros já abandonaram até mesmo a prática da oração. Também há os que substituíram sua vida

devocional pelo período de preparação de sermões e estudos bíblicos.

- Corresponder à expectativa alheia é algo que prende e manipula muitos deles.
- Muitos pastores não têm amigos incrédulos, e alguns nunca chegaram a comunicar o evangelho aos seus vizinhos.
- O pastorado é visto por alguns como emprego atraente para homens preguiçosos.
- Há pastores que são muito mal remunerados e os que são bem remunerados. Há igrejas conscientes do "digno é o trabalhador do seu salário", vendo o pastor como alguém que trabalha duro, que tem além do desgaste físico o emocional. Contudo, há os que são manipulados e controlados por seu rebanho, justamente por causa do alto salário que recebem.
- Há pastores que acabam desistindo do ministério por causa de fracassos morais.
- Há pastores extremamente inseguros que se sentem ameaçados por outros ministérios, igrejas e pessoas; dessa forma têm dificuldade em aceitar críticas construtivas que poderiam ajudá-los.

Creio que nenhum pastor ao ler essa relação deixará de se identificar com um, alguns ou talvez com todos os pontos que acabei de expor. Contudo, neste capítulo enfocarei a prioridade que todo pastor deve dar ao seu relacionamento pessoal com Deus por intermédio da Palavra, e o efeito que essa prática terá em sua vida e ministério.

Uma das estratégias satânicas para afetar a vida de um líder espiritual é neutralizá-lo em seu trabalho. Um dos

ANOREXIA E BULIMIA

métodos mais eficazes do inimigo é alienar o pastor das disciplinas espirituais; dessa forma, ele se torna vulnerável aos seus ataques e ineficaz nas batalhas espirituais. É precisamente nesse ponto que Satanás mais se empenha. Ele quer nos fragilizar para que fiquemos incapazes de desenvolver nossa plena potencialidade como o Senhor deseja. Você pode ser um pastor extremamente ativo, doutrinariamente são, sua igreja pode estar crescendo muito – espero que sim –, mas... se você não estiver atento ao seu mundo interior, isto é, ao seu relacionamento pessoal com Deus, cedo ou tarde, poderá ficar espiritualmente ineficaz.

Gosto muito de música. Durante muitos anos trabalhei com a "   ", treinando jovens para evangelização e discipulado, viajando por esse vasto Brasil, tocando, cantando e ensinando sobre Jesus. A música faz parte da minha vida, mesmo agora que não trabalho mais em um ministério que a envolve diretamente. Também gosto bastante de alguns cantores populares, em especial de vozes masculinas. Contudo, há uma cantora da qual sempre fui fã: a norte-americana Karen Carpenter. Ela possuía uma voz agradabilíssima, macia, com grande extensão que ia do grave ao agudo com muita facilidade.

Fiquei muito triste e chocado quando, no dia 4 de fevereiro de 1983, ouvi a notícia de sua morte, aos trinta e dois anos de idade. Achei estranho ela ter morrido de anorexia nervosa. Karen sofria dessa doença há anos, e a maioria das pessoas desconhecia esse fato.

Anorexia nervosa é um flagelo corporal causado por uma aversão emocional e psicológica ao ato de comer e pela comida em si. Pessoas com essa doença não se preocupam com seu estado de subnutrição e não sentem fome. Muitas ficam obcecadas pela idéia de emagrecer e não percebem que já estão magras demais.

Pastor, usando esse triste exemplo, faço uma relação com o nosso ministério, pois muitos de nós temos contraído "anorexia espiritual". O inimigo tem sido incrivelmente bem-sucedido ao alastrar essa doença entre a liderança evangélica. Muitos têm se tornado ineficientes na condução de suas igrejas e rebanhos.

Como pastor, você certamente já pregou sobre o conhecido texto: "... *não só de pão viverá o homem, mas de toda palavra que procede da boca de Deus*" (Mateus 4.4). Entretanto, mesmo como ministro é fácil esquecer essa mensagem de Cristo e envolver-se em outras atividades supostamente mais interessantes, não percebendo que está se tornando anêmico e, em conseqüência, sua igreja também. Devemos prestar muita atenção às palavras de Moisés: "*Aplicai o vosso coração a todas as palavras que hoje testifico entre vós, para que ordeneis a vossos filhos que cuidem de cumprir todas as palavras desta lei. Porque esta palavra não é para vós outros cousa vã, antes é a vossa vida; e por esta mesma palavra prolongareis os dias na terra a qual, passando o Jordão, ides a possuir*" (Deuteronômio 32.46,47).

Temos muitas terras para conquistar, para possuir, e Deus nos promete vitória, mas como Moisés afirma sabiamente temos que ser homens fiéis na Palavra para fazer uso da Palavra. Antes de aplicá-la no púlpito ou em estudos, temos de assimilá-la em nossa vida.

George Gallup, famoso pesquisador do Instituto de mesmo nome, é um cristão comprometido. Ele foi entrevistado pela revista "*Leadership*", dedicada a orientar e a servir pastores e líderes que falam a língua inglesa. A revista "*Leadership*"

ANOREXIA E BULIMIA

perguntou a Gallup se já acontecera de alguma pesquisa o surpreender. Ele respondeu afirmativamente e disse: "Estou abismado com o baixo nível de conhecimento bíblico dos líderes leigos nas igrejas locais". Gallup estava descrevendo ali o quadro de "anorexia espiritual" que acomete o povo evangélico, e eu falo sobre a "anorexia" que está tornando os pastores e os líderes das igrejas locais cada vez mais doentes. Somos chamados para dirigir espiritualmente nossos lares, igrejas, comunidades e denominações. Quando falhamos na apresentação da Palavra ou não somos claros e corajosos para alertá-los quando estão saindo dos caminhos do Senhor, o rebanho se torna como ovelhas sem pastor, perdido, sem saber que rumo tomar. Quando o ministro não busca uma alimentação sadia, diária e individual com o Pastor dos pastores, perde o traquejo de preparar mensagens profundas e penetrantes espiritual e intelectualmente. O resultado, portanto, é um rebanho que ouve palavras bonitas, mas sem valor eterno. É a igreja, assim, vai morrendo aos poucos e se tornando cada vez mais anêmica.

Durante quase quarenta anos de ministério já me deparei, várias vezes, com esse problema. Gostaria de poder dizer que ao longo desse tempo todo a oração, o estudo e a meditação da Bíblia têm sido infalivelmente constantes e diários, contudo, infelizmente isso não seria verdade. Eu também travo uma batalha ferrenha nessa área com Satanás, pois essa é uma brecha em que ele tem especial prazer e concentra-se em nos atacar e derrotar.

Moro na zona sul da cidade de São Paulo, no quarto andar de um edifício. São Paulo acorda cedo e para ter um momento de quietude com o Senhor preciso levantar mais cedo ainda. Costumo deixar a cama nas primeiras horas da manhã, vou até a cozinha preparar meu com café com leite do jeitinho que eu gosto e, depois, para minha sala com a Bíblia e a lista de oração nas mãos para estar a sós com meu Deus. Esse tempo é que faz a diferença entre ser um pastor "anoréxico" ou bem nutrido.

Compreenda, não estou dizendo que essa prática é uma espécie de chave mágica que faz que qualquer pessoa que a adote se transforme em uma fortaleza espiritual, nem tampouco que se trata de uma bengala para nos ajudar a caminhar. Não estou afirmando que o dia em que deixo de fazer minha hora devocional se torna um desastre (como alguns que não saem de casa sem ler o horóscopo do dia!). Não é isso! O ponto que eu gostaria de enfatizar é que se eu não me disciplinar a falar com meu Deus, e ouvi-Lo falar, ficarei acomodado, e, então, sim estarei correndo sério perigo.

Tenho para mim que o tempo que passo em devoção e quietude junto a Deus exerce três funções em minha vida:

1. Sou lembrado que existe um Deus que supervisiona os acontecimentos de meu dia-a-dia. Quando paro em Sua presença, reconheço Sua carinhosa participação em minha vida, na de minha família e em meu ministério.

2. Em um mundo acostumado a viver com artificialidade, superficialidade e falsidade, preciso permitir que o Espírito Santo me confronte com a realidade e com a verdade. Existe o certo e o errado, escolhas corretas ou incorretas e tudo tem conseqüência em minha vida. Sem a nutrição da Palavra de Deus, posso ser arrastado pela correnteza e sair da rota que me leva ao objetivo essencial.

ANOREXIA E BULIMIA

3. A Palavra tem um efeito purificador na vida do homem de Deus. À medida que a absorvemos e nos tornamos receptivos a ela, ocorre a transformação de idéias, conceitos, atitudes e comportamentos. Há quarenta anos, um jovem universitário chamado Jaime Kemp escreveu as seguintes palavras em sua Bíblia: "Este livro me afastará do pecado, ou o pecado me afastará deste livro". É uma frase simples, mas resume uma profunda verdade.

No mesmo nível que a "anorexia", a "bulimia espiritual" é outra "doença" que também causa devastação na vida e no ministério do pastor. Para ser entendido em minha metáfora, vou falar um pouco sobre bulimia. A bulimia acarreta episódios em que a pessoa come compulsivamente, em seguida, induz o vômito ou uma limpeza intestinal por meio de doses excessivas de laxantes. O corpo fica comprometido, pois não tem tempo de assimilar os nutrientes do alimento antes que sejam eliminados.

A "bulimia espiritual" é uma aversão à assimilação e à aplicação da Palavra de Deus. Como pastores corremos o risco de subir ao púlpito, domingo após domingo, para oferecer nutrição bíblica ao povo, mas a rejeitamos em nossa vida. Podemos dizer palavras tocantes, belas, poéticas, comunicativas, mas elas perderão toda credibilidade, poder e autoridade se não forem aplicadas em nossa experiência cristã. Se isso não ocorrer seremos hipócritas. E a hipocrisia destrói toda nossa capacidade de pregação.

O apóstolo Tiago descreve esta circunstância no capítulo 1.21 a 25: *"Portanto, despojando-vos de toda impureza e acúmulo de maldade, acolhei com mansidão a palavra em* *vós implantada a qual é poderosa para salvar as vossas almas. Tornai-vos, pois, praticantes da palavra, e não somente ouvintes, enganando-vos a vós mesmos. Porque, se alguém é ouvinte da Palavra e não praticante, assemelha-se ao homem que contempla num espelho o seu rosto natural; pois a si mesmo se contempla e se retira, e para logo se esquece de como era a sua aparência. Mas aquele que considera atentamente na lei perfeita, lei da liberdade, e nela persevera, não sendo ouvinte negligente, mas operoso praticante, **esse será bem-aventurado** no que realizar".* É grande tolice conhecer a verdade, e não permitir que ela alimente a nossa alma!

Para mim, essa é a explicação do porquê um homem de Deus, salvo pela graça do Senhor, treinado para ser um eficaz ministro da Palavra cai em um pecado grotesco. Como a chuva forte causa erosão em uma montanha sem vegetação, assim é o coração de um ministro que não permite que a Palavra lhe dirija a vida.

Esdras não tinha "anorexia" ou "bulimia". Sua vida nos desafia: *"Porque Esdras tinha disposto o coração para buscar a lei do Senhor e para a cumprir e para ensinar em Israel os seus estatutos e os seus juízos"* (Esdras 7.10).

Em seu maravilhoso livro *The Table of Inwardness (O Intervir da Mesa)*, Calvin Miller escreveu sobre uma peça de antiquário, uma caixa para guardar dinamite. Ela fora fabricada no século 19 e cuidadosamente construída para proteger seu conteúdo de qualquer choque durante o transporte. Em sua tampa estavam gravadas em letras grandes e coloridas (vermelhas e pretas), as palavras: Perigo – Dinamite. Contudo, a última vez que o escritor viu a caixa, ela estava repleta de papelada comum, sem importância, esquecida na mesa de alguém.

Esse pode ser o quadro infeliz de um pastor anêmico, fraco, esgotado que perdeu de vista sua paixão espiritual. Como a caixa, o servo de Deus foi criado para ser depósito de dinamite espiritual, do poder de Deus, concebido para escoar toda essa carga em seu ministério diário; mas muitas vezes ele perde sua vitalidade apagando pequenos focos de incêndio que não representam perigo. Ele sente que sua vida é uma hipocrisia, pois tem marcadas em letras fortes em sua alma as palavras: Perigo – Dinamite. Ele fica irritado quando alguém o chama de "homem de Deus", pois seu interior está vazio, só há um pequeno espaço que foi preenchido pelo fracasso.

Encerro este capítulo relatando um incidente muito interessante na vida de Davi: *"Suspirou Davi, e disse: Quem me dera beber água do poço que está junto à porta de Belém! Então aqueles três romperam pelo acampamento dos filisteus, e tiraram água do poço junto à porta de Belém, tomaram-na e a levaram a Davi; ele não a quis beber, mas a derramou como libação ao Senhor"* (1 Crônicas 11.17,18).

Davi e seus guerreiros estavam lutando contra os filisteus. Naquela ocasião específica, o rei estava à frente do exército, cansado, fraco, um pouco deprimido. Em um de seus momentos de convivência íntima com seus comandados falou, nostálgico e saudoso: *"Quem me dera beber água do poço que está junto à porta de Belém!"* (1 Crônicas 11.16). Esse foi um desabafo sobre um desejo pessoal, não uma ordem aos seus soldados. Três de seus homens, ao ouvirem suas palavras, levantaram-se imediatamente e atravessaram a linha de perigo, arriscando a vida tentando alcançar o poço para levar a água ao seu comandante, o mais rápido possível.

Davi ficou tão comovido que não pôde beber daquela água. O sacrifício de seus homens a tornava especial demais. Portanto, ele derramou-a no chão, oferecendo-a a Deus em holocausto. Ele apreciou tanto aquela demonstração de carinho que achou por bem transferir o precioso presente ao Senhor.

Amado pastor, se você deseja ansiosamente beber uma água geladinha e cristalina que está junto ao poço de Belém, posso sugerir que você analise mais cuidadosamente sua agenda semanal e realize algumas mudanças. Separe momentos do dia para ouvir o que o Pai quer lhe dizer. Ouça-O.

Por outro lado, também tome cuidado com você. É absolutamente necessário um dia em sete para recarregar suas baterias espirituais. Será que você está violando esse mandamento do Senhor? Que exemplo sua esposa, seus filhos e seu rebanho têm presenciado?

Sua intimidade com Deus renovará sua paixão espiritual e oferecerá um enfoque correto sobre você mesmo e sobre o que o Senhor quer realizar por intermédio de sua vida.

Ao observar a *performance* dos grandes homens de Deus do Antigo Testamento vemos:

- José, que se tornou primeiro-ministro de um faraó egípcio;
- Davi, que matou um gigante cruel e sanguinário;
- Elias, que enfrentou 850 falsos profetas;
- Gideão, que comandou um exército minúsculo contra outro de milhares de homens...

E a lista prossegue quase que indefinidamente. Sei que o Senhor também quer nos transformar em José, Davi, Elias,

Gideão etc. A energia que os impulsionava não provinha do poder da turbina de um imponente Boeing 747 nem das águas das cataratas de Foz do Iguaçu, mas sim do poder e da força que se manifestam na quietude de uma vida de intimidade com Deus.

Querido Pai,

Estou extremamente ocupado em meu ministério. Muito do meu empenho é empregado em apagar pequenos focos de incêndio. Estou exausto! Talvez eu até esteja com "anorexia" ou "bulimia".

Ajude-me a aceitar Seu convite para desfrutar de uma intimidade preciosa contigo. Sei que isso Te dará prazer, e para mim, força. Quero retransmitir esse dinamismo ao meu rebanho. Peço que Tu me faças transbordar do Teu poder.

Ensina-me, a cada dia, que sem Ti nada posso fazer.

Amém!

Onze

O EVANGELHO DA PROSPERIDADE

Uma heresia muito difundida entre a igreja evangélica que entrou na "moda" no século 20, e ainda permanece neste terceiro milênio, é "O evangelho da prosperidade". Ela propaga que todos que crêem em Cristo devem ser ricos, viver confortavelmente, ter uma polpuda conta bancária, ser saudável, assim como sua família, não conhecer adversidades físicas, emocionais e financeiras. E continua sua falsa pregação decretando que todo aquele que não ostentar esse estilo de vida está em pecado ou não tem fé.

Os cristãos da igreja primitiva ficariam abismados com essa obsessão pela riqueza, opulência e prazer. Contudo, o que mais os surpreenderia seria o fato do Corpo de Cristo ser ensinado como uma doutrina bíblica. Os cristãos do século 1 nunca imaginariam que para uma pessoa ser reconhecida como comprometida e fiel a Deus teria de fazer parte do seleto grupo dos ricos, bem-sucedidos e famosos!

Os pregadores da teologia da prosperidade estão convencendo os seus ouvintes de que eles têm direito adquirido sobre a riqueza, portanto, basta apenas reivindicar e apropriar-se dessa promessa já conquistada.

Se aceitássemos esse conceito, como alguns têm feito hoje, teríamos de concordar que espiritualidade significa riqueza, saúde e felicidade circunstancial.

Poderíamos denominar essa "teologia" como triunfal, mas simplesmente ela não tem qualquer base bíblica. Existem diversas passagens nas Escrituras afirmando que Deus se apraz com nossa liberalidade em honrá-Lo com tudo que somos e temos.

Além dessa "teologia" não ter respaldo bíblico, certamente não foi, e não é, a experiência dos grandes homens e mulheres da fé cristã que ao longo dos séculos da história da igreja sofreram, e sofrem, pelo nome de Jesus Cristo.

Aqui vale um aparte:

Por favor, não me interpretem mal, não sou contra a prosperidade do cristão nem mesmo do incrédulo. Uma vida de compromisso com Cristo, em que os bens são adquiridos de forma íntegra, pode trazer bênçãos materiais para muitos, e, sem dúvida, isso tem acontecido. Também não tenho a menor pretensão de sair por aí, como fazem outros extremistas, pregando que os crentes devem entregar todos seus bens materiais e se tornar pobres para melhor servir ao Evangelho. Nunca preguei tal mensagem durante todo meu ministério e também não concordo com ela.

Portanto, o propósito deste capítulo é alertar meus queridos colegas de que é necessário parar de uma vez por todas com essa pregação mentirosa de que a pobreza é maldita e satânica. Se aceitarmos essa heresia seremos obrigados a concluir que a pessoa mais rica do Brasil é a que está em maior comunhão com o Senhor, mesmo que ela nem saiba que Jesus Cristo é o Filho de Deus!

O EVANGELHO DA PROSPERIDADE

O Pai celeste reserva bens muito maiores para Seus filhos que as limitadas fortunas e circunstâncias terrenas, que, por sinal, são passageiras, podem oferecer. Expectativas irreais e sem confirmação da Palavra podem mergulhar a Igreja em terrível desapontamento, em amarga desilusão, em um sufocante desespero e em uma irremediável incredulidade.

Conforme as Escrituras, o grande plano divino para o homem é restaurá-lo da cicatriz causada pelo pecado para a semelhança de imagem sem mácula de Jesus Cristo. O projeto mais fascinante sobre a face da terra enquadra o amor de Deus pela humanidade e Sua busca incansável pela reconciliação. Quer dizer, somos preparados para viver uma vida santa neste mundo e, depois, uma vida eterna com Ele. Para que esse objetivo seja alcançado Ele faz que nós, Seus filhos amados, passemos por provações. Elas vêm, muitas vezes, como um fogo purificador. Por intermédio delas, Ele organiza e rege todos os eventos e circunstâncias da nossa existência para que a imagem de Jesus seja formada em nós. Geralmente, o filho que é grandemente ferido, é grandemente usado.

O fato de sermos chamados para sofrer é simplesmente suprimido, anulado na pregação do evangelho da prosperidade. Faz parte de nossa vida carregar cruzes, suportar dores, críticas, mal-entendidos e discriminações.

Jeremias, o profeta relutante que atendeu ao chamado de Deus, serviu ao Senhor fielmente durante quarenta anos (Jeremias 1.4-10). Ele foi perseguido, açoitado, acorrentado, quase morreu depois de ter sido jogado em uma cisterna e foi literalmente arrastado para o cativeiro egípcio. Mais tarde, conforme a tradição conta, foi assassinado por um de seus patrícios.

Pergunto a você, meu amigo, Jeremias tinha algum pecado escondido, ou não tinha fé? São essas as razões apontadas pelos triunfantes adeptos da teologia do evangelho da prosperidade, não é? Será que o alto salário que ele recebia de Deus compensava a aflição causada por problemas tão sérios? Ou será ainda, que ele persistia porque um dia o Senhor o recompensaria com abundantes bens terrenos como mérito pelos serviços prestados?

Não! Deus nunca prometeu ao profeta sucesso, saúde ou riqueza. Ele apenas prometeu vitória frente à angústia: *"Eu te porei contra este povo como forte muro de bronze; eles pelejarão contra ti, mas não prevalecerão contra ti, porque eu sou contigo para te salvar, para te livrar deles, diz o Senhor, arrebatar-te-ei das mãos dos iníquos, livrar-te-ei das garras dos violentos"* (Jeremias 15.20,21).

Em 2 Coríntios 12.1-10, Paulo descreve seu espinho na carne. Não sabemos com certeza o que era, mas suspeitamos de uma doença. O mais interessante é que o grande apóstolo suplicou três vezes ao Senhor que o afastasse desse espinho, e o Altíssimo decidiu não atender às suas orações. Nem Lucas que era médico e viajava com Paulo conseguia livrá-lo do suposto mal.

O evangelho da prosperidade prega que é vontade de Deus a cura de todas as pessoas. Portanto, o que acontecia com Paulo? Deduz-se, por essa triunfante lógica, que sua fé era vacilante ou que algum pecado insistente o privou da cura. Não foi isso? Não! Ambas as alternativas são falsas. A finalidade de tal sofrimento foi para que o poder de Cristo repousasse sobre ele.

No final de sua vida, Paulo deu o seguinte depoimento: *"Na minha primeira defesa ninguém foi a meu favor; antes, todos*

O EVANGELHO DA PROSPERIDADE

me abandonaram. Que isto não lhes seja posto em conta. Mas o Senhor me assistiu e me revestiu de forças, para que, por meu intermédio, a pregação fosse plenamente cumprida, e todos os gentios a ouvissem; e fui libertado da boca do leão" (2 Timóteo 4.16,17).

Logo após ter escrito essas palavras, segundo a tradição, o imperador Nero mandou decapitar Paulo. A libertação do apóstolo não foi física, mas sim espiritual. Ele não foi salvo de padecer dores, mas de tornar-se um covarde renegado.

Nunca ouvi uma mensagem de qualquer pregador do evangelho da prosperidade sobre os capítulos 1 e 2 do livro de Jó. Por quê? Não se digere com facilidade que alguém tão bom e tão fiel ao Senhor sofra tanto. A Palavra define Jó como *"homem íntegro e reto, temente a Deus, e que se desviava do mal"* (Jó 1.1). Como você sabe, ele perdeu absolutamente tudo o que tinha, incluindo a sua saúde. E qual foi a reação desse santo homem? *"Nu saí do ventre de minha mãe, nu voltarei; o Senhor o deu, o Senhor o tomou, bendito seja o nome do Senhor"* (Jó 1.21).

Assim como Jó, também desconhecemos a batalha que se desenrola nas regiões celestiais por causa de um pastor que serve a Deus com fé sincera, mas sofre financeiramente. Ou o que dizer sobre o missionário Jim Elliot e seus quatro companheiros que foram esquartejados brutalmente pelos índios equatorianos? Tudo em vão? Não! Milhares de jovens têm sido desafiados ao ministério pelo clamor da vida séria e dedicada desses mártires. Inclusive, até mesmo eu!

E que destaque devemos dar à pessoa de maior autoridade, valor, importância e mérito de toda a história humana? Nascido de família pobre, já adulto tornou-se profeta itinerante sem ter onde repousar a sua cabeça.

Embora sendo o Rei Soberano do Universo, JESUS em sua vida terrena precisou pedir emprestado um pequeno burrico para ir até Jerusalém. Dias depois foi assassinado, pregado em uma cruz entre dois ladrões. Depois de morto, os que O amavam O depositaram em um túmulo também emprestado. Suas vestes eram tudo o que tinha e , foram sorteadas entre os soldados aos pés da cruz. Assim foi a vida daquele que era, e é, o Filho de Deus.

Assim Paulo se referiu a Ele: "... *pois conheceis a graça de nosso Senhor Jesus Cristo, que, sendo rico, se fez pobre por amor de vós, para que pela sua pobreza vos tornásseis ricos*" (2 Coríntios 8.9). Jesus vivenciou e ensinou uma mensagem um tanto diferente da do evangelho da prosperidade.

O que me deixa mais indignado com essa "onda herética" é que seus adeptos, em geral, são manipuladores e não motivadores. É bem mais difícil e complexo motivar as pessoas a viverem fiéis e dignamente diante de Deus, segundo a Sua Palavra, do que manipulá-las, prometendo bênçãos maravilhosas, porém irreais, espalhando uma falsa ideologia em nada semelhante ao tipo de vida dos grandes heróis da fé. Por isso, afirmo que, na maioria dos casos, a manipulação é a "prostituição da motivação". Prostitui-se a mensagem única e definitiva do Evangelho em troca de benesses divinas pseudomerecidas e imprescindíveis. A manipulação tem efeito instantâneo, enquanto a motivação leva anos para se desenvolver.

Os pregadores pinçam dois ou três versículos da Bíblia e seguem como motoniveladoras, massacrando seu povo com mensagens duvidosas. Prometem que Deus suprirá todos seus desejos mais íntimos; alguns presunçosos "mandam" o Senhor curar; outros pedem que o telespectador ou o

O EVANGELHO DA PROSPERIDADE

ouvinte ponha a mão sobre o televisor ou o rádio porque assim o poder de Deus fluirá ao coração do referido pastor e dali para a pessoa e, então, ela poderá enfrentar qualquer desavisada vicissitude e certamente obter a vitória.

Há ainda os que seguram pequenos vasos de "água poderosa e santificada do rio Jordão", que cura todos os males –, mas é preciso adquiri-la pela módica quantia de R$... Apelando para as gratificações humanas, abusam de gente simples, sincera e muito, muito carente em todos os aspectos. Qualquer coisa que primariamente apele à esperança da pessoa é manipulação. Motivação, no entanto, é o contrário disso e é como tudo aquilo o que satisfaz à vontade divina.

Colega pastor, se estruturarmos nossa igreja somente com a finalidade de suprir as necessidades humanas como amizade, segurança, sentimento de pertencer e ser aceito por um grupo ou mesmo pelo tradicionalismo estaremos apenas manipulando. Uma igreja deve exibir os propósitos de Deus. Nosso trabalho é descobrir meios que cumpram os interesses e os planos divinos. Nosso povo precisa avidamente de ensinos doutrinários profundos, mas embrulhados em pacotes de fácil compreensão. Enfim, as pessoas necessitam da Palavra de Deus exposta, explicada, ilustrada e vivenciada na vida dos líderes do rebanho. Essa prática é cinicamente dispensada por aqueles que desejam encher os cofres da igreja em curto prazo.

Irmão, com que autoridade se diz que um vasinho de água, hipoteticamente retirada do rio Jordão, vai curar? Será que temos o direito de prometer ao povo que quando ele dá seu dinheiro, Deus o abençoa imediatamente? Podemos nos revestir de autoridade para ordenar que o Senhor cure alguém? Quem somos nós? Somos capazes de interpretar com objetividade e ousadia qual é o plano total de Deus para uma pessoa? Será que nosso Senhor é algum Papai Noel celestial que está esperando a lista dos caprichos de cada ser humano para ofertá-los num lindo pacote decorado?

Nós, pastores, tendemos a justificar a manipulação sob a alegação de que é para o crescimento do Reino de Deus. Em Seu Reino, os fins nunca justificam os meios. Tal pensamento humaniza o Senhor e elimina a Sua soberania. As pessoas interessam-se pelo produto final, Deus pelo processo. Veja um exemplo: é muito mais fácil convencer o povo que Deus precisa de dinheiro. Entretanto, Ele é Soberano e não necessita do dinheiro de ninguém. Nós, criaturas humanas, devemos estar prontos a oferecer o que temos em obediência à Palavra. Essa prática leva à maturidade espiritual. Muitos são bebês porque não compreendem a evolução que Deus desenvolve até chegarmos a essa maturidade.

Nosso Pai nunca prometeu riquezas, segurança, saúde etc. incondicionais. Ele promete paz na tribulação, alegria na provação, poder para enfrentar o inimigo da nossa alma e Sua presença ao nosso lado quando, porventura, nos depararmos com alguma tragédia. Ele nos oferece todos os recursos necessários para fazer frente a qualquer eventualidade, quer pequena, quer grande. Ele não afirma que nos dará riquezas, muita saúde, mas sabedoria, força para destruir a amargura e disposição para embelezar nosso caráter. Finalmente, Ele diz que participaremos com Ele na execução do plano mais belo e significativo do Universo. É esse o desafio que devemos comunicar ao nosso povo.

Senhor,

Confesso que há momentos em meu ministério quando manipulo o meu rebanho, em vez de motivá-lo. Quero ser fiel e espelhar em minha vida a Tua Palavra, assim como transmiti-la à minha igreja.

Senhor, que eu comunique uma perspectiva clara e equilibrada sobre a problemática da prosperidade.

Pai, quero usufruir a Tua bênção em minha vida, tanto na prosperidade quanto na adversidade. Sei que o Senhor é o doador de ambas.

Em nome de Jesus,

Amém!

Doze

O PASTOR E SEU ESPELHO

"Quando se perde a riqueza, nada se perdeu; quando
se perde a saúde, houve alguma perda; porém, quando
se perde o caráter, tudo está perdido".

Anônimo

Penso que posso afirmar, sem margem de erro, que em
todas as reuniões, congressos, clínicas e em outros lugares
em que estive presente com meus colegas pastores, o tema
integridade sempre surgiu como questão a ser analisada.
Alguém sempre utiliza como ilustração as dificuldades de
quem passou por um deslize moral.

A igreja evangélica tem padecido sob a influência nefasta
de escassez de integridade, seja a nível moral no abuso do
poder pastoral agindo inadequadamente, seja na vertiginosa
e constante queda dos relacionamentos familiares.

A decadência assustadora da integridade, em especial
entre os líderes masculinos, tem implicações desastrosas na

sobrevivência de nossa credibilidade diante de um mundo crítico e observador. Contudo, o mais chocante é que há pouquíssima diferença entre a ética dos religiosos e a dos não religiosos, ou simplificando, alguns líderes de igrejas evangélicas não diferem muito de empresários alheios ao Reino de Deus.

Certamente, é impossível generalizar. Há muitos servos fiéis que não permitem ver a sua crença religiosa e/ou ética arranhada, prejudicada ou abalada por tentações enganosas e transitórias.

Existem diversas causas para essa situação de crise na igreja, entretanto, destacarei uma que a meu ver é fundamental. Por natureza, somos desonestos e mentirosos contumazes. Nosso coração é mau, como bem expressou o profeta Jeremias: *"Enganoso é o coração, mais do que todas as coisas, e desesperadamente corrupto..."* (Jeremias 17.9). Nós, pastores, sofremos a tentação de mascarar as mentiras espiritualizando-as, sofisticando o nosso pecado para que ninguém possa suspeitar de nosso erro.

O apóstolo Paulo escreveu o seguinte sobre a depravação humana: *"A garganta deles é sepulcro aberto; com a língua urdem engano, veneno de víbora está nos seus lábios, a boca eles a têm cheia de maldição e de amargura..."* (Romanos 3.13,14).

Não necessitamos que alguém nos ensine como ser desonestos. Mesmo após termos sido regenerados pela ação do Espírito Santo, se não nos submetermos ao senhorio de Cristo, voltaremos a uma vida de engano e mentiras, semelhantes a suínos que depois de limpos sempre voltam ao lamaçal.

A liderança evangélica vem sendo envolvida pelas sutilezas da cultura e da mídia. Pouco a pouco, ela tem se

O PASTOR E SEU ESPELHO

distanciado dos valores verdadeiros e eternos. Alguns líderes trafegam na ilusão e não percebem a falta de integridade em suas vidas.

Tal ocorreu a Ananias e Safira. Ambos eram membros da primeira igreja formada no mundo, durante o Império Romano, e é possível que tivessem ali algum cargo de liderança. Tentando levar vantagem (filosofia danosa que atravessou séculos e persiste ainda hoje, suscitando uma competitividade desonesta) venderam uma propriedade e, de comum acordo, resolveram enganar os irmãos fingindo ofertar toda a quantia da venda para a igreja quando, na verdade, haviam guardado para si determinada parte. O interessante nesse relato é que, ao que tudo indica, eles não julgaram sua atitude errada, pouco íntegra, mas se acharam generosos!

Se isso acontecesse hoje, imagino a cena da seguinte maneira: Ananias sentado com a sua esposa Safira nos principais bancos do templo. Durante as ofertas, piedosamente se dirigem à frente, enquanto do órgão uma melodia tocante e oportuna (tipo Tudo Entregarei) invade o local. De modo que todos possam vê-los e ouvi-los, depositam humildemente o dinheiro aos pés de Pedro e dizem:

- Isso é tudo que temos, irmão Pedro. Queremos dedicar ao Senhor!

Tente agora visualizar essa cena na igreja primitiva. O coração de Ananias palpita ante a oportunidade de demonstrar publicamente a sua generosidade e altruísmo. No entanto, Pedro não sorri e não participa daquela encenação. De alguma forma ele sabia e conseguia ver além daquela farsa, enxergando a hipocrisia. Lucas registra assim o ocorrido: *"Então disse Pedro: Ananias, por que encheu Satanás*

141

teu coração, para que mentisses ao Espírito Santo, reservando parte do valor do campo? Conservando-o, porventura, não seria teu? E, vendido, não estaria em teu poder? Como, pois, assentaste no coração este desígnio? Não mentiste aos homens, mas a Deus. Ouvindo estas palavras, Ananias caiu e expirou, sobrevindo grande temor a todos os ouvintes" (Atos 5.3-5).

Pobre Ananias! No início da exortação de Pedro, seu coração que batia tão forte, quase parou. Os olhos penetrantes do apóstolo descortinaram a escuridão interior de sua vida e, com a confrontação, o coração realmente parou. Amedrontados, os jovens entraram, cobriram o seu corpo, levaram-no e o sepultaram. A mesma cena repetiu-se logo após, quando Pedro defrontou-se com Safira, e esta também não resistiu.

A história de Ananias e Safira nos impacta porque ambos foram duramente castigados por causa de algo que consideramos uma pequena infração. Em um momento de fraqueza não escaparam da ganância e da hipocrisia. Mas apenas isso pede tamanha punição? Suponho que se Deus tratasse a igreja hoje da mesma forma como agiu com Ananias e Safira, precisaríamos de uma área descomunal para enormes cemitérios!

Com certeza, Deus considera a hipocrisia e a falta de integridade faltas muito graves. A igreja não pode prosperar decepcionando-se em relação à atitude de seus membros e, muito menos, da liderança. Durante a formação da igreja primitiva, o Senhor quis demonstrar a importância que dá à integridade e à honestidade. A corrupção fere o Corpo de Cristo e é um pecado contra Deus. Por isso, por ocasião da morte de Ananias e Safira, Pedro afirmou: *"Não mentistes aos homens, mas a Deus"* (Atos 5.4).

O PASTOR E SEU ESPELHO

A igreja necessita de homens que não apenas abandonem a mentira, mas que também sejam livres da hipocrisia. O apóstolo Paulo observa que a honestidade é essencial para o crescimento de uma igreja: *"Mas segundo a verdade em amor, cresçamos em tudo naquele que é o cabeça, Cristo".* (Efésios 4.15). A medicina divina para uma igreja autêntica, é que ela fale e aja em verdade uns com os outros em amor.

A igreja precisa ser íntegra porque vivemos em um mundo perdido que anseia ser liberto da desonestidade e da corrupção. Enquanto essa improbidade é cultivada e promovida, há no fundo do coração do povo um desejo intenso de escapar desses sentimentos falsos, enganosos e frustrantes. A igreja se tornará sal e luz à medida que estampar uma vida íntegra, uma das mais eficientes ferramentas de evangelização. Todos nós conhecemos muitas pessoas que foram atraídas a Cristo pelo exemplo de alguém salvo por Jesus.

Queridos colegas pastores, precisamos nos posicionar ao lado de Jó quando ele diz: *"Longe de mim que eu vos dê razão, até que eu expire, nunca afastarei de mim a minha integridade"* (Jó 27.5).

Examinemos algumas áreas de árdua luta pastoral em relação à integridade:

1. O HOMEM ÍNTEGRO NÃO ENGANA, NÃO DEFRAUDA, NÃO ROUBA

- Provérbios 20.10: *"Dois pesos e duas medidas uns e outros são abomináveis ao Senhor".*
- Provérbios 11.1: *"Balança enganosa é abominação para o Senhor, mas o peso justo é o seu prazer".*

143

- Provérbios 20.17: *"Suave é ao homem o pão ganho por fraude, mas depois a sua boca se encherá de pedrinhas de areia".*

Podemos atenuar o significado do verbo "roubar" de inúmeras formas. Há maneiras que as pessoas consideram até justificáveis. Estou exagerando? Penso que não e tenho até como provar. Certa vez, eu estava em viagem, no Nordeste do Brasil, ministrando aos jovens de uma igreja, quando ao final do curso o pastor me pediu o seguinte:

- Jaime, antes de você recolher os livros, deixe-me escolher alguns que preciso comprar (sempre levo literatura evangélica para ser adquirida pelos irmãos das comunidades visitadas, pois algumas cidades não têm livraria evangélica).

Atendi ao seu pedido e quando, enfim, ele selecionou uma considerável quantidade, disse-me:

- E o desconto?

- Tudo bem, vou lhe dar um desconto: e dei 40% sobre os 50% que eu mesmo deveria receber. Após preencher o cheque, ele disparou mais um pedido:

- Daria para você segurar este cheque por 15 dias?

A princípio hesitei. Naquela época, a inflação estava em 45% ao mês (1,5% ao dia), mas decidi investir em sua vida e concordei.

De volta a São Paulo, na data marcada depositei o cheque. Após 3 dias, muito surpreso, descobri que o cheque não tinha fundo!!

Telefonei para ele, lá no Nordeste, oito vezes e sempre ouvia como resposta de sua secretária que ele ligaria em seguida. Passaram-se dez dias, liguei novamente e, enfim, consegui falar com o próprio pastor.

O PASTOR E SEU ESPELHO

- Vamos fazer o seguinte, Jaime. Você me envia esse cheque que está com você e eu lhe mando um outro, OK?

- Não! Respondi exasperado. Você deposita o dinheiro em minha conta aí. O número é...

Finalmente, passados três dias recebi aquele pagamento (que não era pouco), havia perdido aproximadamente 80% do valor inicial.

Será que poderíamos analisar esse incidente como falta de integridade do pastor? Ora, Jaime, a inflação, o país, o baixo salário, as lutas etc., etc. Mas isso é desculpa? A tristeza em meu coração não foi tanto a perda do dinheiro, mas o fato de um ministro de Deus achar comum agir como agiu.

Percebo, então, que para alguns (ou muitos) procurar tirar proveito, não prestar contas de seus compromissos, não pagar o que deve, não é considerado desonestidade, mas esperteza!!

2. O HOMEM ÍNTEGRO DEVE SER COERENTE COM SUAS CONVICÇÕES BÍBLICAS

Como pregadores da Palavra de Deus não devemos procurar que concordem conosco, mas com a verdade. Essa verdade precisa ser vivenciada diariamente em nossa vida e ministério. Ilustrarei a minha afirmação com uma história muito comum.

Zé Carlos formou-se em um seminário de sua denominação. Esperançoso e feliz, partiu para exercer o ministério em uma cidade do interior. Sua igreja com, mais ou menos, duzentos membros era um desafio muito agradável para ele.

Um dia, andando pela rua, Zé Carlos encontrou o mais influente presbítero da igreja, o qual também era o mais rico.

- Olá pastor, tudo bem? Venha, vamos tomar um cafezinho.

Já na padaria, enquanto o pastor tomava despreocupadamente seu café, o presbítero bateu às suas costas amistosamente e disse:

- Oh Zé, estou tão feliz que é você quem vai fazer o casamento da minha filha!!

Aquelas palavras se precipitaram pelos ouvidos do jovem pastor queimando muito mais do que o café quente em sua boca.

A filha daquele homem era noiva do médico da cidade, completamente descrente e que não queria nem ao menos ouvir falar de Jesus Cristo.

José Carlos assumira, desde o início de seus estudos no seminário, uma firme posição contrária ao casamento misto, ao jugo desigual. O que fazer?

As pressões da influência e da posição financeira de membros importantes das igrejas têm derrubado por terra convicções bíblicas "inabaláveis".

Nesse caso, é imprescindível ser leal com as nossas convicções e conosco mesmo. Sei, no entanto, que há um alto preço a ser pago.

3. O HOMEM ÍNTEGRO CUMPRE A SUA PALAVRA

Ele não promete aquilo que não pode cumprir. Se, porventura, prometer mas não conseguir honrar, procura explicar-se e, ainda assim, luta para cumprir o prometido. Até mesmo quando descobre que será prejudicado vai até

O PASTOR E SEU ESPELHO

o final e cumpre. Como diz o salmista no capítulo 15, versículo 4: *"O que, a seus olhos, tem por desprezível o réprobo, mas honra os que temem ao Senhor; o que jura com dano próprio, e não se retrata..."* e Provérbios 20.6: *"Muitos proclamam a sua própria benignidade, mas o homem fidedigno, quem o achará?"*.

Quero agora confessar uma luta pessoal. No final dos cultos e seminários que costumo ministrar pelo Brasil, as pessoas se aproximam para me cumprimentar e pedem orações. Minha tendência é prometer que orarei, mas, logo em seguida, o Espírito Santo fala ao meu coração lembrando que provavelmente esquecerei de tantos pedidos.

Sinto enorme desconforto em não cumprir a minha palavra, portanto, resolvi a situação de uma maneira prática. Oro com a pessoa no instante em que ela fala comigo ou peço que anote em um papel o seu nome e o seu pedido. Só assim posso ver coerência entre o que prometo e o que realmente cumpro.

4. O HOMEM ÍNTEGRO E AS CONFIDÊNCIAS DO ACONSELHAMENTO

Em seu ministério de aconselhamento o pastor pode ouvir as seguintes palavras:

- Peço que o pastor guarde confidencialmente o que acabo de compartilhar.

O cérebro do ministro evangélico está povoado por confissões que não pode repartir com ninguém, nem mesmo com a sua esposa.

Alguns dias atrás, veio ao meu escritório a esposa de um pastor ainda licenciado. Ela estava atravessando sérios conflitos conjugais, e a ordenação de seu marido se aproximava. Essa senhora compartilhou detalhes e fatos de sua vida conjugal exigindo sigilo completo.

Para que eu pudesse tentar ajudar o casal, teria de confrontar o marido a respeito das palavras degradantes e dos maus-tratos que ele dirigia à esposa. Mas como fazê-lo? Estava em um beco sem saída. Desejava auxiliá-los, mas não podia decepcionar a esposa quebrando a confiança que ela depositara em mim.

Ao mesmo tempo em que considero essencial manter a confiança entre o conselheiro e o aconselhado, creio que há exceções. Por exemplo, em caso de testemunho em processos de abuso físico, crimes ou adultério. Quando há infidelidade é difícil para o pastor permanecer neutro, pois não pode compactuar com tal pecado, sendo cúmplice por omissão. Nesses casos, ele deve esclarecer que interpelará o cônjuge que está pecando e não manterá sigilo restrito.

Apesar dessas exceções, é importante fazer jus à confiança do aconselhado e não abrir mão do segredo total.

5. O HOMEM ÍNTEGRO E SUAS AMIZADES PESSOAIS

Em meu primeiro e único pastorado em uma igreja dos Estados Unidos, há vários anos, travei uma batalha com essa questão. Costumava passar muitas horas com algumas pessoas em particular, o que provocava o ciúme de outros membros. Sendo jovem e recém-formado, não sabia lidar bem com a situação.

Não há dúvida de que o pastor e sua esposa necessitam de algumas amizades íntimas e profundas com as quais se identifiquem. Isso os auxiliará a sobreviver no ministério.

O PASTOR E SEU ESPELHO

Diante dessa declaração o que pode ser dito sobre a amizade?

- Mantenha amizades profundas, mas não as ostente diante do rebanho. Seja discreto!
- É importante que o pastor desenvolva algum tipo de relacionamento com todos os membros de sua igreja. Mesmo que seja superficial, até um simples toque ou uma frase podem significar muito para alguém que talvez precise de conforto e encorajamento naquele momento.
- É sempre bom o pastor buscar amizades fora de sua congregação, com colegas de sua denominação ou mesmo de outras. É extremamente perigoso para o casal que está no ministério isolar-se. Ele precisa conviver com pessoas e ter a quem prestar contas de suas atitudes.

6. O HOMEM ÍNTEGRO E OS PRESENTES QUE RECEBE

Faço uma pergunta: você julga eticamente correto receber presentes dos membros de sua igreja? Talvez você nunca tenha pensado nisso e já tenha recebido muitos. Compartilharei duas histórias verídicas para que você avalie pessoalmente essa problemática:

O pastor João tem em sua igreja uma senhora que enviuvou e desesperou-se com a perda. Tentando ajudar a sua ovelha, ele tem feito diversos aconselhamentos com ela. Agradecida pelo conforto à sua dor, ela lhe dá de presente uma caríssima e exclusiva caneta que pertencera a seu

149

marido. Dias depois, ela surge no gabinete pastoral com um *walkman*.

- Bem, pensa o pr. João, que mal há em receber um presente de alguém grato? Não é à toa que o nome dessa senhora é dona Generosa!

Mas o que o Pr. João deveria notar é que os presentes de dona Generosa significam bem mais que gratidão. Ela está criando um elo perigoso e prejudicial com o seu conselheiro, um elo que cria dependência emocional e pode causar muitos problemas a ambos.

Realmente, não há nada errado em receber um presente de alguém, especialmente se essa pessoa aprecia nosso trabalho. Contudo, como pastores precisamos ser cautelosos e questionar se essas "lembranças" não exprimem algo mais que futuramente possam trazer terríveis transtornos.

Quem sabe possamos aplicar esse conceito à palavra de Paulo, em 1 Coríntios 10.23: *"Todas as coisas me são lícitas, mas nem todas me convêm; todas me são lícitas, mas nem todas edificam"*.

O pastor João recebeu os presentes sem imaginar que eles poderiam deixá-lo em dívida com dona Generosa. Pastores e/ou conselheiros podem ser explorados e manipulados por pessoas que presenteiam um dia e exigem favores no próximo. Além disso, há o perigo do envolvimento emocional, o relacionamento romântico que pode terminar em infidelidade.

Um agradecido membro de sua igreja ofereceu ao pastor e sua esposa um passeio aos Estados Unidos com passagens e estadia pagas. Radiantes, ambos partiram como que para um sonho. Mas... Seis meses após terem regressado de suas férias, souberam que o mesmo senhor comprometera-se

O PASTOR E SEU ESPELHO

com alguns negócios escusos. A liderança e os outros membros pressionaram o pastor para que ele afastasse o seu benfeitor do corpo diaconal. Que impasse terrível! Como ser ingrato a ponto de ir contra quem lhe dera um presente tão especial? Diante de uma dúvida como essa, o pastor sempre terá dificuldade em ser fiel ao seu chamado e não agir com imparcialidade. É realmente difícil.

Querido amigo, não estou dizendo que você deve deixar de aceitar presentes dos membros de sua igreja. O que estou pedindo é que seja cauteloso. Penso que cada pastor deve desenvolver o seu código de ética que não comprometa o testemunho de Jesus Cristo, o ministério da igreja e a sua integridade.

Essas questões e outras mais a respeito de integridade na vida do ministro nem sempre são simples e definitivas como preto no branco. Às vezes, são cinzentas. Isto é, há situações em que o pastor deve ter bom senso e discernimento para agir e solucionar o impasse, concorde com a Palavra de Deus e com a ética cristã.

Finalizarei este capítulo formulando quatro perguntas gerais que nos auxiliarão no momento de tomar decisões:

- Aquilo que vou fazer glorificará a Deus ou simplesmente contribuirá para minha auto-satisfação? Para responder a essa pergunta devemos ser inteiramente honestos e tomar cuidado para não arquitetar racionalizações.
- Aquilo que vou fazer é para o bem dos outros, sendo que sou servo deles? Efésios 5.21 diz que devemos nos submeter aos outros no temor de Cristo, e Gálatas 5.13 afirma que somos servos uns dos outros pelo amor.

- Minha decisão será aprovada e entendida pela avaliação do olhar penetrante e observador do meu rebanho? Qualquer decisão moral ou ética que não possa ser declarada publicamente provavelmente merece um segundo pensamento. Por exemplo, casais "amigados" ficam constrangidos em divulgar seu endereço; casais casados voltam da igreja para sua casa e na cama se deitam sem qualquer comentário.

- A quem vejo quando olho para meu espelho? A um homem íntegro? Tiago 1.23,24.

O que fez de Jó uma pessoa tão especial? A Bíblia diz que ele foi um *"homem íntegro e reto, temente a Deus e que se desviava do mal"* (Jó 1.1).

Pastores, sigamos o exemplo de Jó!

Treze

TRADICIONALISMO X TRADIÇÃO

Como já citei anteriormente, nos primeiros onze anos de meu ministério, no Brasil, fundei a Missão "Vencedores por Cristo". Nosso trabalho era treinar jovens líderes para evangelizar e discipular. Viajávamos pelo país cantando, evangelizando e ministrando em igrejas, colégios, universidades, praças, prisões etc. Ao voltarmos para casa visitávamos as igrejas de cada membro da equipe para detalhar o que acontecera durante o treinamento. Uma das coisas que aprendemos ao visitar diferentes igrejas e denominações é a respeitar a forma adotada por cada uma para adorar a Deus. Participamos desde reuniões animadas em que os membros se soltavam em um louvor contagiante, como também de igrejas extremamente formais em que não se podia bater palmas e nem acompanhar o ritmo da música a não ser com a linguagem verbal.

Em uma dessas visitas, a igreja do integrante da equipe era das mais formais. Não sem certo constrangimento e nervosismo, chegamos sob muita oração para participar de um culto. Um outro jovem do grupo convidara suas tias descrentes para assistir à apresentação. Seria a primeira vez que elas entrariam em uma igreja evangélica.

153

Bem, não é fácil frear o entusiasmo de dezoito, vinte jovens. Fazendo o máximo para manter a formalidade exigida, preparamos tudo para o início do culto.

À porta de entrada do santuário, dois diáconos se postavam, um de cada lado, em postura que me foi inevitável lembrar dos guardas da entrada do Palácio de Buckingham, na Inglaterra.

E foi nesse clima que as tias descrentes daquele outro jovem da equipe chegaram. Elas tinham subido as escadas e estavam atravessando o átrio e se dirigindo à porta do salão de cultos, quando de forma (digamos...) não *muito* sábia um dos diáconos as barrou dizendo:

- Minhas senhoras, desculpem, mas não poderão entrar de calça comprida – e apontou para um quadro onde se lia: "NO SANTUÁRIO VOCÊ: NÃO PODE VESTIR CALÇA COMPRIDA, NÃO DEVE... NÃO..., NÃO..., NÃO..." – Se as senhoras quiserem – continuou ele – poderão ouvir o programa em um dos salões do andar inferior. O alto-falante estará transmitindo toda programação.

Aquelas senhoras, como já disse, nunca haviam entrado em uma igreja evangélica e não entendiam nada sobre rituais e formalidades. Sentiram-se rejeitadas, deslocadas e, talvez, até discriminadas. Entreolharam-se e sem titubear preferiram ir embora. Assim, duas vidas perderam uma ótima oportunidade de ouvir o Evangelho. Pergunto-me: será que depois disso, elas sentiram alguma vontade de visitar novamente qualquer outra igreja evangélica?

É lamentável prestarmos mais atenção e sermos mais dedicados à obediência das tradições do que ao amor pelas pessoas carentes de Cristo. "Para o inferno com nosso

TRADICIONALISMO X TRADIÇÃO

cerimonialismo, legalismo e formalismo!". Opa, será que essas palavras foram muito fortes? Será que eu me excedi? Bem, se você estudar atentamente, na Bíblia, como Jesus reagiu a esses conceitos (ou seria melhor dizer preconceitos?) concluirá que minha observação é delicada demais diante da postura que Ele assumiu.

Quando me refiro a tradicionalismo, falo de uma estrutura, uma atitude que resiste a mudanças. É abraçar um costume ultrapassado e segui-lo cegamente, mantendo-o sob pressão e manipulação. É julgar de antemão qualquer novidade suspeita, rejeitar tudo o que é diferente. O tradicionalismo tende a encontrar a sua segurança e até identidade naquilo que é conhecido, portanto, se opõe frontalmente a qualquer possível ameaça. Ele substitui pelo legalismo a liberdade da graça de Deus e o refrescante sopro do Espírito Santo. Preocupa-se mais em ser rígido nas regras elaboradas pelo homem que em ser flexível e aberto à inovações.

Antes de prosseguir, preciso esclarecer a diferença entre tradicionalismo e tradições. Durante a história da igreja foram criadas várias tradições que nos são preciosas e úteis até hoje, pois nos dão estabilidade e raízes profundas. Em minha casa, Judith e eu temos o hábito de observar algumas tradições familiares. Por exemplo, costumávamos sempre orar com as meninas quando as colocávamos na cama. Toda terça-feira, a noite era reservada para sair com minha esposa e jantar fora.

Tradições são declarações ou princípios fortes, comportamentos que nos mantêm estáveis e seguros nas tempestades. O apóstolo Paulo nos adverte: *"Permanecei firmes e guardai as tradições que vos foram ensinadas sejam por palavra, seja por epístola nossa"* (2 Tessalonicenses 2.15). Note bem, pastor, não é para guardar as tradições de religiosidade ou formalismo, mas sim aquelas provenientes da Palavra de Deus. Há enorme diferença entre as tradições da nossa fé cristã e a bagagem que colecionamos durante anos e anos de história. Tradição é a fé viva dos que já morreram, legada como modelo a ser seguido. Tradicionalismo é a fé morta e inerte daqueles que ainda vivem.

Em Seu ministério, Jesus Cristo confrontava constantemente os fariseus a respeito do seu tradicionalismo. Eles abraçaram, ensinaram, promoveram e demonstraram ser o mais puro exemplo de tradicionalistas. Lucas, em seu evangelho, descreve um desses encontros entre o Mestre e os fariseus: *"Passadas estas cousas, saindo, viu um publicano, chamado Levi, assentado na coletoria, e disse-lhe: Segue-me! Ele se levantou e, deixando tudo, o seguiu"* (Lucas 5.27,27).

Um cidadão de nome Mateus (Lucas o chamou de Levi) foi convidado para abandonar sua profissão de coletor de impostos e se tornar um discípulo de Jesus. Lembremos que, naquela época, tais homens eram corruptos, e o povo os odiava. A bem da verdade, atualmente ainda lutamos com essa mesma chaga em nossa nação, não é mesmo?

Certamente, Levi já ouvira falar muito de Jesus, pois a sua fama já se espalhara por toda terra. Quando Cristo aproximou-se da coletoria e fez o convite, o Espírito Santo já preparara o coração de Mateus. Abandonando tudo, imediatamente ele seguiu o Mestre.

Seu primeiro impulso, tal sua alegria, foi oferecer uma festa magnífica em sua casa. Talvez a sua intenção tivesse sido a de honrar a Jesus e despedir-se dos parentes

TRADICIONALISMO X TRADIÇÃO

e amigos. A casa, naquele dia, estava abarrotada de gente. Os convidados não eram homens religiosos com qualquer tradição no judaísmo: *"Então lhe ofereceu Levi um grande banquete em sua casa; e numerosos publicanos e outros estavam com eles à mesa"* (Lucas 5.29). Gosto muito desse texto. Tente visualizar a situação. Ali estava Jesus, Filho de Deus, Senhor do Universo, Cordeiro de Deus, comendo e bebendo com uma turba de pecadores. Imagine a casa repleta, todos conversando sobre os assuntos que mais lhe interessavam e agradavam, comendo, bebendo, rindo, uns de pé, outros sentados. Então, alguém levanta para fazer um brinde a Levi.

Não quero parecer sacrílego, mas acho que Jesus estava se divertindo muito naquela festa, apesar de quase todos os presentes serem pecadores contumazes declarados, não sepulcros caiados, anjos em pele de lobos. E Jesus estava ali com eles. Imediatamente, alguém pode reivindicar para si o direito de se arbitrar como defensor do Senhor (como se isso fosse preciso!) e dizer: "Mas Ele só estava tomando um refrigerante e batendo um papinho com os discípulos. Não trocou nenhuma palavra com qualquer outro convidado".

Penso que este é o momento ideal para fazer uma pausa no relato bíblico e chamar sua atenção para um outro fato. Peço que você não me julgue áspero demais e entenda o que quero expor. Quase toda população evangélica brasileira, com poucas exceções, tem sérias dificuldades para se relacionar adequadamente com uma pessoa pagã. Ela não sabe pensar como um não-cristão pensa, não sabe falar como ele nem conviver em uma simples amizade.

Em alguns casos, por puro desencargo de consciência o evangélico só se preocupa em "descarregar" sobre o incrédulo as "Quatro leis espirituais", os "Cinco passos...", os "Seis conceitos..." etc. Ele não tem a mínima idéia de como se faz para construir uma boa amizade com o descrente para, assim, ganhar o direito de ser ouvido. Também é verdade que quando o pagão se converte e se integra em uma igreja local, em poucos anos, também perde a capacidade de relacionar-se com os seus vizinhos.

Todavia, Jesus nos oferece uma demonstração maravilhosa de amor e interesse pelos seres humanos ao travar amizade com os corruptos da época.

Retomando a história bíblica, enquanto Jesus Cristo e Seus discípulos, Mateus e seus amigos estavam se confraternizando e se divertindo, um grupo se remoía interiormente: "os chefes espirituais" daqueles dias, os fariseus: *Os fariseus e seus escribas murmuravam contra os discípulos de Jesus, perguntando: Por que comeis e bebeis com os publicanos e pecadores?"* (Lucas 5.30).

Afinal de contas, o que havia de tão pecaminoso em comparecer a uma festa? Os discípulos de Jesus e Ele próprio sentados ao lado de pecadores e gostando disso? Os fariseus ficaram enlouquecidos! Eles acreditavam e ensinavam que a associação com os incrédulos era estritamente proibida e ninguém, mas ninguém mesmo, podia ter um relacionamento semelhante. E agora, justamente Jesus Cristo punha por terra aqueles conceitos? O que os outros iriam dizer? Certamente, a atitude do Senhor e dos discípulos não condizia com um testemunho digno aos olhos fariseus.

TRADICIONALISMO X TRADIÇÃO

Mas Jesus, que nunca se deixou intimidar por qualquer liderança, questionou-os calmamente: *"Respondeu-lhes Jesus: Os sãos não precisam de médico, e, sim, os doentes"* (Lucas 5.31). Em meu modo de entender, o Senhor desabafou, dizendo algo como:

- Escute pessoal, "larguem do meu pé!". O que vocês querem de mim? Não percebem que essas pessoas estão doentes? Ora, Eu sou Aquele que cura. É de mim que eles precisam, e Eu não vou negar ajuda alguma, pois vim a este mundo com essa finalidade, curar os doentes, salvar os que precisam ser salvos.

No versículo seguinte, Jesus dá o golpe de misericórdia nas possíveis alegações ou defesas que os fariseus ainda pretendessem usar: *"Não vim para chamar justo, e, sim, pecadores ao arrependimento"* (Lucas 5.32). Novamente minha leitura é:

- Fariseus, vocês são críticos, sabem julgar como ninguém! A verdade, porém, é que vocês é que são doentes, vocês é que precisam ser curados de sua hipocrisia!

Tenho para mim que os discípulos se sentiram aliviados com as palavras do Mestre, e os convidados aplaudiram, talvez pensando: "Fomos vingados. Isso, Jesus, passe uma descompostura nesses presunçosos!".

Se você pensa que com essa exortação de Jesus Cristo os fariseus deram o incidente por encerrado, está enganado, pois inconformados, eles voltaram a retrucar ousadamente: *"Disseram-lhe eles: Os discípulos de João e bem assim os dos fariseus freqüentemente jejuam e fazem orações; os teus, entretanto, comem e bebem"* (Lucas 5.33).

Essa resposta sarcástica não conseguiu esconder a amargura e o despeito que eles estavam sentindo, ou seja:

PASTORES EM PERIGO

- Você e seus discípulos têm tempo para festas. Nós encaramos nossa religião e nossa vida com mais seriedade. Não nos damos ao luxo de freqüentar festas. Utilizamos nosso tempo jejuando e orando!

Permita-me uma nova consideração. Creio que uma das principais características de um cristianismo autêntico é a alegria. Um dos frutos do Espírito Santo, citado em Gálatas 5.22, é a alegria. Muitas vezes, algumas representações da igreja brasileira dão a impressão ao resto do mundo de que para ser espiritual a pessoa deve ser sisuda, circunspecta, puritana, pouco dada ao riso, sem muito entusiasmo pelas belezas e divertimentos que a vida terrena proporciona. Muitos crentes carregam no rosto uma expressão semelhante à de alguém chupando um limão bem azedo!

Não é de se admirar que o pagão não se interesse pelo Evangelho quando os crentes têm na ponta da língua (quando não impressa em papel para distribuição) uma lista enorme de proibições: não cortar cabelos, não usar calça comprida (as mulheres), não beber vinho, não ir ao cinema, não, não, não... Que tragédia ver nossa crença e devoção ser resumida a uma lista do que não se pode fazer. É o tradicionalismo erguendo sua carranca feia, aterrorizadora. Nós somos a Igreja, a Noiva de Cristo. Eu nunca fiz um casamento em que a noiva estivesse acabrunhada e feia. Contudo, infelizmente, quando o tradicionalismo toma conta, a igreja se torna triste, sem entusiasmo e acabrunhada. Portanto, o mundo que necessita urgente e desesperadamente da mensagem encarnada em ossos, carne e sangue, não sente qualquer atração por ela.

TRADICIONALISMO X TRADIÇÃO

Medite sobre a resposta de Jesus: *"Jesus, porém, lhes disse: Podeis fazer jejuar os convidados para o casamento, enquanto está com eles o noivo?"* (Lucas 5.34).

Enquanto o noivo permanecesse na festa todos deveriam se alegrar, divertir-se. No entanto, a partir do momento em que ele se retirasse, todos iriam embora, a festa terminaria, e a vida voltaria ao normal. Jesus utilizou o exemplo do noivo referindo-se a si mesmo. Essa colocação só aumentou o ressentimento e a fúria dos fariseus.

"Dias virão, contudo, em que lhes será tirado o noivo; naqueles dias, sim, jejuarão" (Lucas 5.35). O sentido das palavras de Jesus era: Eu sou o noivo. Serei crucificado em seu lugar. Em breve, morrerei e, então, ninguém vai festejar e comemorar.

Todos os fariseus contemplaram Jesus Cristo abismados, buscando em suas mentes um argumento que lhes servisse de resposta. O Senhor, conhecendo aos seus corações e sabendo que não tinham aprendido toda profundidade do Seu ensino, procurou ajudá-los com duas ilustrações; *"Também lhes disse uma parábola: Ninguém tira pedaço de veste nova e o põe em veste velha; pois que rasgará a nova e o remendo da nova não se ajustará à velha"* (Lucas 5.36).

O tradicionalismo fixa a atenção naquilo que é antigo, que se arrasta desde o passado. Os fariseus eram estudiosos da história israelita. Eles eram capazes de citar a TORÁ de cor. Entretanto, eles acrescentaram à lei 633 tradições que supostamente eram úteis para esclarecê-la melhor, mas que, na verdade, redundaram em um fardo mais pesado para o povo. Podemos resumir dizendo que Jesus afirmou que é impossível unir o velho sistema ao novo.

Nos versículos 37 e 38, o Senhor elucida definitivamente qualquer dúvida sobre o assunto, se porventura ela ainda existisse: *"E ninguém põe vinho novo em odres velhos, pois que o vinho novo romperá os odres; entornar-se-á o vinho e os odres se estragarão. Pelo contrário, vinho novo deve ser posto em odres novos (e ambos se conservam)"* (Lucas 5.37,38).

Finalmente, os fariseus captaram o ensino de Cristo, mas o fato de tê-lo compreendido não lhes atenuou a tensão nem a raiva. Segundo Jesus, eles eram o ranço velho de uma religião deturpada e quase falida. Os odres velhos, que simbolizavam o sistema tradicional do qual eles eram os líderes, não podiam guardar, deter o vinho novo que Jesus proclamava por intermédio do Evangelho.

Expostos à frente de todos pelo Senhor, os fariseus foram obrigados a reconhecer que traziam consigo a carga do antigo sistema e até optavam por ele à revelia da verdade de Deus.

Em Mateus, podemos ler uma advertência de Jesus Cristo aos fariseus, quando estes exaltavam o tradicionalismo mais que a Palavra: *"... e assim invalidastes a Palavra de Deus, por causa da vossa tradição"* (Mateus 15.6b).

Caríssimo pastor, precisamos libertar nossas igrejas do tradicionalismo e do legalismo. O odre velho não detém a mensagem revolucionária do Evangelho da graça. O novo vinho é vital, suave, puro, refrescante, nutritivo. Com Cristo temos um novo nascimento, somos novas criaturas, temos um novo mandamento. Tudo é novo. Nosso novo lar celestial será o novo céu, a nova terra.

Você recorda da serpente de bronze erguida por Moisés no deserto? O povo fora mordido pelas serpentes

TRADICIONALISMO X TRADIÇÃO

em conseqüência do juízo de Deus. Quando o patriarca levantou a serpente de bronze, qualquer israelita que olhasse para ela seria curado. Todos conhecem bem essa história e entendem que ela se refere a uma figura de Cristo na cruz. Entretanto, o que a maioria não sabe é que Israel carregou aquela serpente de bronze durante quarenta anos no deserto e entrou na Terra Prometida com ela (Veja 2 Reis 18.4).

Israel não teve coragem de abandonar aquele símbolo ao entrar em Canaã. Eles pisaram na terra da promessa com a serpente de bronze na bagagem, pois mesmo após o episódio da cura ter sido encerrado no deserto, eles continuaram venerando a imagem. Mais ou menos, como nosso "santo tradicionalismo" que carregamos em todas as direções receosos de nos livrar da segurança e proximidade desses chavões ultrapassados.

Talvez você ainda esteja me julgando muito intransigente com a igreja. Mas creio que em meus trinta e oito anos de ministério no Brasil posso apontar algumas idiossincrasias arraigadas nas diferentes denominações. Veja comigo:

- a mulher não pode usar perfume;
- o pastor só pode pregar de terno escuro;
- a mulher não pode usar calça comprida na igreja;
- o futebol é um esporte criado pelo diabo;
- a mulher não pode se depilar, maquiar, cortar ou pintar os cabelos;
- os crentes não podem jogar baralho;
- os crentes não podem ir ao cinema;
- os crentes não devem assistir TV;

- as crianças não podem correr no santuário;
- as crianças não podem ir a festinhas juninas ou de Natal em suas escolas;
- instrumentos como guitarra ou bateria não podem ser tocados no templo;
- material evangélico como livros, fitas, vídeos etc. não podem ser vendidos em nenhum lugar do santuário;
- a Doxologia tem que ser sempre cantada no início do culto;
- é proibido falar *Aleluia* ou *Amém* durante os cultos;
- o crente não pode ter qualquer profissão que fuja ao convencional aceito pela igreja, como jogador de futebol ou profissional de qualquer outro tipo de esporte, músico, ator, cantor etc;
- os crentes não podem fazer compras aos domingos (nem pão);
- apelos evangelísticos devem ser feitos, aos domingos, pelo menos, em um dos cultos;
- relações sexuais com o cônjuge dois dias antes e dois dias depois da santa ceia são proibidas;
- palmas nos cultos não são bem-vindas;
- o crente não pode tomar vinho etc, etc, etc...

A leitura dessa lista pode provocar diferentes reações: muitos pastores rirão, julgando inconcebível que hoje alguém ainda pense assim. Mas alguns pastores ficarão sérios, questionando o que há de errado nas condenações mencionadas. De qualquer modo, peço perdão a todos, sem exceção, pois como missionário americano ajudei a

TRADICIONALISMO X TRADIÇÃO

importar muitas tradições e conceitos da cultura do meu país, que são absolutamente descartáveis no Brasil!

Para finalizar, gostaria de destacar três atitudes que, como pastores, devemos adotar diante do desafio de sermos ministros do novo Evangelho da graça de Deus.

1. PRECISAMOS TRATAR ADEQUADAMENTE NOSSAS CULPAS

Conhecemos mais e melhor nossa culpa e vergonha do que conhecemos a graça de Deus. A graça invalida a ambas. Geralmente, somos a última pessoa a quem perdoamos sobre a face da terra. Somos mais generosos até mesmo com nossos inimigos. Mas se não aceitarmos a obra de Cristo na cruz para nos perdoar, não estaremos aptos para ministrarmos Sua graça e continuaremos atados ao nosso tradicionalismo.

2. DEVEMOS GOLPEAR NOSSO ORGULHO

O orgulho continua atacando a graça. A verdade é que amamos nossas estruturas, sejam físicas, sejam eclesiásticas. Apreciamos a maneira como realizamos a obra, mesmo que ela seja arcaica e ineficiente. Somos pressionados e desafiados por títulos, pela nossa imagem pública e pela posição denominacional.

Meu amigo, se você quer evidenciar a graça em seu ministério ataque resolutamente esse poderoso inimigo, cada vez que ele voltar à carga.

3. NÃO CONFIE NA CARNE (FILIPENSES 3.4-8)

O apóstolo Paulo enumera suas realizações, e, no versículo 8, ele as denomina todas de esterco por causa de Cristo. Quando cito a carne, falo do que atingimos, do que alcançamos com nosso esforço e para nossa glória. A carne é uma força implacavelmente destrutiva. O homem e a mulher que dominam essa fera interior tornam-se depositários da graça de Deus e são seus despenseiros.

Tenho três perguntas:

- Pastor, o odre de sua experiência é flexível, ainda capaz de desfrutar da graça de Deus?
- O compromisso que você assumiu com Deus de servi-Lo em sua vida é realmente sério e irreversível?
- Você está disposto a realizar mudanças, até radicais, em sua vida e em sua igreja?

Portanto, não permita que o pensamento tradicionalista pressione e comande a estrutura de sua igreja. Se você ousa sonhar e causar impacto em sua geração terá de fazer sacrifícios, mas o retorno será imensamente compensador. A escolha é sua.

Querido Pai,

É cômodo me refugiar sob a segurança de um sistema legalista. Quando mantenho o status-quo não me sinto ameaçado. Receio fazer mudanças. Não gosto de correr riscos.

Tradicionalismo x Tradição

Senhor, ajuda-me a compreender o que é o "vinho novo do Evangelho". Dê-me sabedoria e coragem para orientar o meu rebanho sem a tensão do tradicionalismo, de forma que eu fique livre para dedicar minha vida, dons e talentos para que minha igreja se torne cada vez mais dinâmica e inundada pela Tua graça.

Amém!

Quatorze

A SUPERMULHER AO SEU LADO

"Que a esposa deixe o marido feliz por chegar em casa,
e que este a deixe triste ao partir".

Martinho Lutero

Se fosse possível, gostaria muito de gravar em letras brilhantes e vivas sobre o certificado de ordenação dos pastores a seguinte frase:

CUIDADO, PERIGO!
UM MINISTÉRIO MAL-ADMINISTRADO PODE AFETAR
SERIAMENTE O SEU CASAMENTO!

A bem da verdade, seria mais eficaz de pendurar uma placa com esses dizeres no gabinete pastoral, para que o pastor nunca se esquecesse de que o trabalho em excesso, seja em que área for - do aconselhamento à administração -, pode causar sérios problemas à vida familiar.

Outra placa deveria ser colocada, estrategicamente, em seu quarto com o mesmo lembrete, pois esse perigo também pode ameaçar a vida íntima do casal.

Gostaria, agora, de abordar um assunto que considero muito, mas muito importante, mas que é pouco tratado, pouco ventilado, exatamente por ser muito delicado. Creio que uma das pessoas mais sacrificadas e machucadas da igreja evangélica é a esposa do pastor. Para ilustrar essa constatação citarei algumas frases escritas em cartas a mim enviadas, ou mesmo ditas pessoalmente, em aconselhamentos:

- *Meu marido cometeu adultério emocional e mental. Ele se casou com a igreja e abandonou a mulher e os filhos em casa.*
- *Meu marido prega sobre o amor, mas não o demonstra a sua mulher e nem aos seus filhos.*
- *Meu marido é um selvagem na cama. Exige sexo oral e anal. Para mim, isso é uma violência. Não consigo pensar no assunto sem sentir nojo.*
- *Na última quarta-feira, à noite, tivemos uma briga horrorosa! Em meio à discussão, meu marido me empurrou, e eu caí no chão. Então, ele virou de costas e saiu para ir à igreja dirigir o culto de oração.*
- *Meu marido me disse que se eu não for a esposa de pastor que ele espera, é melhor eu arrumar as minhas coisas e voltar para casa de meus pais!*

Os pastores, também, por sua vez, fazem seus desabafos:

- *Sou viciado em meu trabalho pastoral. Há alguns meses minha esposa foi embora levando nossos filhos. Ela acabou de me avisar que pedirá o divórcio. Estou me sentindo extremamente só, arrasado e envergonhado. Vou abandonar o ministério!*

A SUPERMULHER AO SEU LADO

- *As pessoas de minha igreja me elogiam e me tratam bem. Gostam bastante de mim e apreciam o meu trabalho. Não recebo o mesmo tratamento em minha casa. Isso me empurra ainda mais para os braços de minha "amante", a igreja.*
- *Meu casamento está em perigo! O relacionamento com minha esposa se tornou frio e formal. Tenho medo de me sentir atraído por uma mulher e acabar sucumbindo à situação.*
- *É errado querer ter uma igreja que ame e valorize seu pastor? Tenho sofrido muito, pois o fardo de um rebanho espiritualmente morno e muito crítico está influenciando negativamente o meu casamento.*
- *Tenho ouvido que muitos casamentos de pastores não passam de duas pessoas morando sob o mesmo teto, inteiramente separadas romântica e emocionalmente. Isso me assusta!*

Esses e talvez outros comentários que você, leitor, já tenha ouvido, demonstram a atual situação dos casamentos e dos lares de muitos pastores. Creio que posso dizer, sem receio de errar, que 50% dos lares de líderes evangélicos estão enfrentando terríveis problemas, e 25%, desses 50%, se deparam com dificuldades extremas que muito possivelmente os encaminhará ao divórcio.

Entre os desentendimentos interpessoais encontram-se itens como: o uso do dinheiro, pouco tempo gasto entre eles mesmos, baixo nível salarial, mágoa recíproca, diferenças de opinião sobre o ministério, sobre o uso do tempo de lazer, sobre a disciplina dos filhos, as dificuldades sexuais, o trabalho da esposa fora de casa etc. Todos esses motivos, e outros mais, provocam sérias desavenças nos lares.

171

A vida ministerial encerra inúmeras bênçãos e gratificações, porém, também traz perigos para a harmonia do casamento dos pastores. É necessário haver um diálogo muito franco entre o casal e conscientização dos pontos mais prováveis de conflito. Cito os mais comuns:

1. **O pastor se põe acima de qualquer crítica.** Há uma forte tendência do pastor sentir-se superior e, como conseqüência dessa atitude, ele deixa de ouvir conselhos de outras pessoas, seja da esposa, de amigos seja de colegas de trabalho. Não é difícil entender que tal perigo ronde um líder, pois espera-se mesmo que, por sua posição, ele tenha idéias próprias definidas, convicções firmes e atitudes decididas. Por um lado, essa característica é positiva, proveitosa, mas, por outro, torna o pastor uma pessoa irredutível, excessivamente autoconfiante que se recusa a ouvir o que os outros lhe dizem sobre o estado de sua alma, condição moral e necessidades de sua esposa e filhos.

   Também é extremamente fácil um pastor ser enganado por sua própria propaganda. "Afinal de contas, ele só pode estar certo... Quem é o pastor da igreja?!".

   Domingo após domingo, ouve os elogios sobre sua maravilhosa pregação, o que massageia sobremaneira o seu ego. Enfim, tantas manifestações acabam convencendo-o de que ele é uma pessoa quase infalível! Ao final do culto, no regresso para casa com a família ouve palavras de crítica sobre um assunto ou outro. Às vezes, são duros com ele, que não consegue acreditar e pensa: "Que audácia da minha esposa e dos meus filhos me desafiarem dessa forma!".

A SUPERMULHER AO SEU LADO

2. **O pastor não tem a quem prestar contas (também intimamente relacionado ao primeiro item).** Caro pastor... Vou dizer uma coisa muito séria: "Pobre do homem que não tem a quem explicar o que é e o que faz!".

   Amigo, temos de enfrentar a pura realidade: um centímetro abaixo de nossa pele há um bárbaro. O profeta Jeremias descreveu a natureza humana como desesperadamente corrupta (Jeremias 17.9), e quando não existem restrições ou pessoas que nos freiem somos vulneráveis a qualquer tentação mais cativante.

   Na verdade, todos nós, especialmente os pastores, precisamos de uma pessoa, de um grupo de homens confiáveis, amigos que nos amem e queiram realmente nosso bem que questionem nossos motivos, intenções e ações. O preço de não ter alguém assim é muito alto, e vários pastores têm caído por não ter a quem prestar contas. Esse nível de compartilhar deve englobar áreas como pessoal, financeira, profissional, acadêmica, espiritual e conjugal.

   A Palavra nos mostra em Provérbios 27.6: *"Leais são as feridas feitas por quem ama, porém, os beijos de quem odeia são enganosos"*.

3. **O pastor é afetado pela síndrome do sucesso.** Isso pode ocorrer em qualquer área de vida – ministerial, gerencial, financeira e até conjugal. Pastores bem-sucedidos, quase sempre, julgam-se insubstituíveis. Tornam-se independentes, perdem a arte de "aquietar-se" diante do Senhor. São ativistas impulsionados pelo sucesso e utilizam nisso toda sua energia natural.

Dominados por essa síndrome pensam que o seu trabalho é o mais importante do mundo e que Deus lhes deu esse ministério, os chamou e os escolheu porque são bons mesmo. Um provável malogro futuro nem lhes passa pela cabeça. Por isso, são os mais propensos a fracassar. O sucesso é um tipo de vício que obceca e estimula o ativismo desmedido.

Se parássemos nesse item, nenhum bem adviria deste capítulo. Vamos prosseguir em busca de algo mais positivo em nossa vida ministerial. Para tanto, gostaria de mencionar alguns requisitos que, se forem conversados, avaliados e trabalhados entre o pastor sua esposa e, dependendo do caso até com seus filhos, podem fazer do casamento do pastor uma relação não perfeita (impossível aqui na terra), mas agradável, tranqüila e referencial.

Primeiramente, o pastor precisa compreender as necessidades, as lutas e as pressões de sua esposa. Ela ocupa uma posição especial, porém, delicada e vulnerável. Utilizando como base a correspondência que costumo receber, destaquei doze necessidades pelas quais ela passa:

1. Necessidade de ter amizades verdadeiras, autênticas, confiáveis.
2. Necessidade de gastar tempo de qualidade com seu marido. Ela, muitas vezes, sente-se em segundo plano, tendo a igreja como rival.
3. Necessidade de privacidade em sua casa.
4. Desejo de não ter de aceitar as expectativas da igreja sobre ela. A igreja costuma esperar que a esposa de pastor:

A SUPERMULHER AO SEU LADO

a. vista-se adequadamente;

b. viva com pouco, mas mesmo assim ofereça sua casa com as comodidades de hotel e restaurante;

c. esteja presente a todas as reuniões da igreja e ainda leve os filhos;

d. seja capaz de lecionar em qualquer classe da Escola Dominical (de crianças a adultos);

e. seja presidente da Sociedade de Senhoras, reja o coral e toque órgão;

f. tenha filhos sempre bem comportados;

g. abdique de seu marido em favor da igreja, a qualquer hora do dia ou da noite;

h. faça visitas com o marido;

i. trabalhe fora para ajudar no sustento da casa e ainda faça tudo o que a esposa do pastor anterior fazia;

5. Necessidade de ser conhecida como ela mesma e não como "a esposa do pastor";

6. Liberdade para expressar seus talentos por meio dos serviços que ela escolha fazer;

7. Necessidade de sentir-se, de fato, participante do ministério e não somente por intermédio de afirmações inverídicas do marido que diz: "nosso ministério", mas nem lhe dá ao menos o direito de verbalizar suas opiniões;

8. Necessidade de ser ouvida e valorizada pelo marido e pela igreja não pelo que faz, mas pelo que é;

9. Necessidade de receber treinamento em alguma área que diga respeito ao seu dom, talento ou interesse;

10. Necessidade de "espaço" em relação a não ter sempre de ser o exemplo perfeito para todas as mulheres da igreja;

11. Necessidade de ser amada pelo marido;
12. Necessidade de ter o marido participando ativamente na criação e na disciplina dos filhos.

À luz desse alerta, lembro-me do apóstolo Pedro: *"Maridos, vós, igualmente, vivei a vida comum do lar, com discernimento..."* (1 Pedro 3.7). Em palavras mais diretas: - Maridos, tomem conhecimento das necessidades de suas esposas e procurem supri-las.

Em segundo lugar, temos que amar nossas esposas com amor sacrificial (Efésios 5.25-27). Caro pastor:

- Você ama sua esposa com amor "ágape", como Cristo amou a igreja?
- Você ama sua esposa com amor que a santifica?
- Você a ama como a si mesmo?

Será que nós, pastores, entendemos realmente o que é o amor sacrificial? Para ilustrar esse ponto específico transcrevo uma carta escrita pelo dr. Robertson McQuilkin, o amado ex-reitor da Escola Cristã Columbia (*Bible College*), quando comunicou sua decisão de renunciar ao seu cargo porque sua esposa Muriel estava gravemente enferma, em fase terminal:

"Minha querida esposa Muriel vem aos poucos, durante os últimos oito anos, sofrendo degeneração física e mental. Até aqui tenho conseguido conciliar os cuidados com ela, bem como meus crescentes afazeres como diretor da escola. No entanto, tem se tornado evidente que Muriel fica mais tranqüila quando estou ao seu lado e inquieta, irritada e triste, quando não estou por perto.

Não é apenas descontentamento. Ela se sente aterrorizada, acha que fui embora e sai de casa desesperada para me procurar. Quando não me encontra fica irada e agressiva. Não tenho dúvidas de que preciso ficar com ela.

Talvez vocês possam compreender melhor minha decisão, se eu compartilhar nesta carta o que disse aos meus alunos na capela da escola quando lhes comuniquei que deixaria a direção da faculdade:

- Minha decisão, em certo sentido, foi tomada há 42 anos, quando prometi cuidar de Muriel na doença ou na saúde até que a morte nos separe. Sou um homem de palavra e prezo por minha integridade. Contudo, não é apenas por isso, é também uma questão de justiça. Ela tem cuidado de mim de maneira integral, despojada, ao longo de todos estes anos. Se eu tivesse que fazer o mesmo nos próximos 40 anos, ainda assim não pagaria minha dívida. Apesar desse meu dever se mostrar duro, triste, difícil, há outro fator que me impele a cumpri-lo: eu amo minha esposa. Ela me traz alegria. Sua dependência quase infantil e sua confiança em mim não podem ser ignoradas. De vez em quando, em rápidos instantes de lucidez, ela demonstra sua felicidade por me ter junto a si com frases inteligentes, cheias de humor e carinho. Esse é o quadro que vejo diante de mim diariamente, o qual me convence de que minha atitude é correta, pois preciso e quero ajudar a alguém a quem amo muito e que necessita de mim, enquanto a doença implacável a reduz à alienação total. Não é uma obrigação cuidar de Muriel, mas um privilégio".

Este é o amor sacrificial! Este é o amor que nos fará sensíveis às necessidades de nossas esposas, às quais nos esforçaremos para prover, mesmo que para isso tenhamos de pôr em segundo plano nossa realização pessoal, profissional ou ministerial.

Tal amor não acontece simplesmente. Ele deve ser nutrido interiormente no coração de um homem que se compromete com sua esposa, submetendo-se à orientação de Deus, em Sua Palavra. Esse amor se for desenvolvido no casamento dará ao pastor credibilidade para pregar com poder e autoridade sobre relacionamentos conjugais.

Em terceiro lugar, precisamos, como pastores, reconhecer constantemente que nossa própria necessidade de realização nos impulsiona a cometer "adultério emocional e espiritual". Já abordamos esse assunto de forma mais detalhada, portanto vou aqui somente relembrar que devemos realmente cuidar dessa área, porque em nosso afã de buscar um bom desempenho ministerial e realização pessoal temos a tendência de esmagar as necessidades de nossa esposa. Nunca será demais repetir esse alerta!

Em quarto lugar, reconheça que a tarefa do pastor é sujeita a "picos" emocionais. Em geral, nosso trabalho não é físico, mas extremamente emocional. É como uma montanha-russa levada por altos e baixos.

- Regozijo pelo nascimento de um bebê.
- Aconselhamento a pais que descobriram que sua filha será mãe solteira
- Choro com os pais que estão no hospital com seu filhinho à beira da morte.
- Discussão sobre o déficit em que a igreja se encontra, na reunião à noite, com a comissão de finanças.

Tudo isso, além das próprias lutas pessoais, a falta de compromisso por parte de algumas pessoas da congregação,

A SUPERMULHER AO SEU LADO

a fadiga, o desânimo que sugam a energia emocional que deveria reservar para sua família.

Ao chegar em casa encontra um clima diferente do que esperava. Com as exigências de seu trabalho, precisa de um lugar que faça o papel de refúgio em que possa "recarregar as baterias". Entretanto, a realidade é outra. A família, a começar pela esposa, não está disposta a permitir que marido/pai descarregue nela as tensões e pressões do dia.

A esposa também está exausta porque trabalhou durante o dia todo em seu emprego ou em casa. O filho tem uma tarefa escolar muito difícil que o deixa nervoso e ansioso. A filha menor voltou da escola com febre. E assim, o almejado refúgio do pastor se transforma em pesadelo.

Amado colega, estou descrevendo mais ou menos a sua situação? Saiba que, diversas vezes, esse também tem sido o meu caso.

Em quinto lugar, a agenda pastoral não é sincronizada com o seu papel e deveres de marido e pai. Contato com pessoas, reuniões da igreja e outros ministérios têm que acontecer à noite ou em finais de semana. O domingo, então, é o dia mais atarefado e cansativo. São justamente nesses horários que a família mais anseia por sua presença. É por esses motivos que o pastor tem sido declarado culpado por não dedicar tempo à família. No entanto, temos de concordar que realmente ocorre uma incompatibilidade de horários. A problemática se agrava quando a esposa trabalha fora, como é o caso de milhares de mulheres brasileiras. Ela tem seu horário a cumprir no emprego e ao chegar em casa, cansadíssima e já um pouco irritada com suas próprias pressões, precisa ser mãe de filhos que dependem dela e esposa de um marido nervoso. É uma situação potencialmente explosiva.

Diante desses complexos desafios, tenho algumas idéias básicas. Deixe-me compartilhá-las com você, amigo pastor. Bom, essencialmente, ponha o seu casamento em sua agenda. Por favor, não atribua essa possibilidade ao fato de eu ser um "gringo". Confesso que muitos compatriotas meus chegam a extremos de organização, que nem eles próprios conseguem seguir. Contudo, é necessário um mínimo de planejamento para que algo seja realizado. Com isso em mente...

- Escolha cuidadosamente um dia por semana para você e sua família. Não existem regras. Pode ser em uma quinta, terça, quarta-feira ou para muitos no próprio sábado. Não se baseie no que é melhor para a igreja, mas no que é bom para sua família.
- Procure estar em casa mais uma noite por semana, além do dia de descanso. Quando você está com sua esposa e filhos, planeje uma atividade interessante. Pode ser que uma noite seja exclusivamente dedicada a sua esposa, outra para os seus filhos. Na família Kemp, as noites de terça-feira são reservadas à minha esposa Judith nem que seja para comermos um cachorro-quente na esquina e batermos papo. Provavelmente, a sexta-feira é uma boa ocasião para sair com seus filhos, já que aos sábados eles não têm aula e podem dormir até mais tarde.
- Tire férias. Como qualquer outro mortal, você também tem direito a férias. Tenho encontrado alguns pastores que se gabam de nunca terem se permitido um recesso.

Não há motivo para tal! Outros se queixam de até ter a disponibilidade, mas não o dinheiro. É aconselhável tirar uma licença de seu trabalho (ministério também é trabalho – e trabalho duro!), procurando solucionar o problema financeiro de alguma maneira.

- Treine seu rebanho no tocante à sua agenda, horários, folgas e férias evitando que o procurem em seus momentos de lazer. Por exemplo, alguém quer saber sobre determinada reunião e liga para a casa do pastor mesmo que seja durante o jantar...
- Evite morar na casa pastoral se ela estiver localizada ao lado da igreja. Em outras palavras, distancie o trabalho de seu lar. Inúmeras vezes, a casa do pastor se torna restaurante, hotel, hospital e centro de informações. Meu amigo, sua esposa não suportará as constantes invasões!
- Já é chegada a hora de levar a sério as determinações de Deus a respeito da família do pastor. Temos trabalhado em casamentos que se encontram à beira de um colapso como resultado de infidelidade, mentira, desapontamento e desespero.

Paguemos o preço para que os nossos casamentos não se deteriorem. Ponhamos nossa família no lugar certo – o primeiro na escala de prioridade, antes de nosso ministério. Devemos nos comprometer à intimidade emocional, espiritual e física daqueles que vivem conosco. É o momento de nosso lar ser a demonstração viva do que pregamos no púlpito sobre compromisso, integridade e virtude.

Quinze

LIDERANÇA E INFLEXIBILIDADE

Na sociedade em que vivemos, somos ensinados e desafiados a "subir na vida" por meio da manipulação, da intimidação e de influências convenientes e poderosas. Já é encarado, quase com naturalidade, o fato de uma pessoa lançar mão de meios duvidosos ou até mesmo desonestos para alcançar seus objetivos. "Os meios justificam os fins" tem sido o lema de muitos, e, por isso, podemos presenciar uma liderança materialista que tem proporcionado um exemplo totalmente contrário ao tipo de liderança que Jesus Cristo transmitiu aos seus discípulos.

Nós, pastores, lamentamos a secularização insidiosa do cristianismo, assediado inexoravelmente pelo materialismo, pelo humanismo e pela falta de compromisso moral. Enquanto pregamos veementemente contra filosofias anticristãs, há uma tendência ainda mais sutil, traiçoeira e perigosa que ameaça a fé em Deus e que se encontra especialmente entre aqueles líderes espirituais que não se sujeitam a qualquer correção ou questionamento.

Embasados na segurança e auto-suficiência que a posição os faz sentir, encontramos pastores que julgam estar acima de qualquer crítica, acham-se superiores e não dão ouvidos a conselhos. Não recebem exortação de ninguém, seja da esposa, de amigos ou mesmo de colegas de trabalho.

É fácil entender que tal perigo ronde o líder espiritual, pois considerando o cargo que ocupa ele tem idéias próprias, convicções e atitudes decididas. Essas são características firmes e proveitosas, porém, por vezes, existem paralelamente à tendência de tornar-se irredutível, autoconfiante, teimoso e incapaz de ouvir a opinião de outros.

É muito fácil um pastor ser enganado pela bajulação que, muitas vezes, recebe. Domingo após domingo, ouve elogios sobre sua maravilhosa pregação. Isso "massageia o seu ego" e por fim ele se convence de que é uma pessoa excepcional. Se a esposa ou os filhos questionam suas atitudes ou palavras, ele fica indignado, pois considera uma audácia da parte deles.

Verdadeiramente, todos nós, especialmente pastores, necessitamos de amigos confiáveis que nos amem e queiram nosso bem-estar. Homens que tenham coragem de confrontar nossas motivações, intenções e ações.

O problema do líder inacessível, intratável, não ensinável, não é novo. O Antigo Testamento oferece dois exemplos contrastantes: dois homens ungidos para ser líderes do povo de Deus, Saul e Davi; os dois primeiros reis de Israel.

Saul é descrito como um homem de alta estatura, que: "(...) *desde os ombros para cima sobressaía a todo povo*" (1 Samuel 9.2). Ele tinha enorme potencial, porém, pelo que aparentemente eram pequenos deslizes de desobediência, Saul optou pelo caminho do orgulho e da racionalização e foi preterido, por Deus, como rei.

Davi era um homem corajoso que enfrentou dificuldades, lutas e pecados. Mesmo assim, o próprio Deus declarou:

LIDERANÇA E INFLEXIBILIDADE

"(...) achei a Davi, filho de Jessé, homem segundo o meu coração, que fará toda a minha vontade" (Atos 13.22b).

Saul e Davi, ambos ungidos reis sobre Israel foram presas do orgulho, do pecado. No entanto, seus pecados acarretaram conseqüências muito diversas, respectivamente. Como essas diferenças podem ser explicadas? As Escrituras, ao que tudo indica, mostram que a rejeição de Saul e a aceitação de Davi aconteceram depois da resposta que cada um deu à correção divina.

Desde que os israelitas exigiram um rei (1 Samuel 8), Samuel ungiu a Saul, jovem atraente, capaz e que precisava fazer uma escolha: obedecer ou desobedecer. Já no início de seu reinado ele agiu movido pelo orgulho e pelo egoísmo. Primeiro Samuel 13 registra que ele tomou para si a responsabilidade de oferecer sacrifício, quando essa incumbência cabia aos sacerdotes.

A narrativa da confrontação entre Samuel e Saul, em 1 Samuel 15 mostra a derrocada que a desobediência do soberano provocou em sua vida. Passo a passo, por meio da racionalização e da resistência, o rei andou em direção a uma completa inflexibilidade diante do Senhor. Acompanhe esses passos:

A PALAVRA DO SENHOR

"Disse Samuel a Saul: Enviou-me o Senhor a ungir-te rei sobre o seu povo, sobre Israel; atenta, pois, agora às palavras do Senhor. Assim diz o Senhor dos Exércitos: Castigarei a Amaleque pelo que fez a Israel; ter-se oposto a Israel no caminho, quando este subia do Egito. Vai, pois, agora e fere a Amaleque, e destrói totalmente a

PASTORES EM PERIGO

tudo que tiver, nada lhe poupes, porém matarás homem e mulher, meninos e crianças de peito, bois e ovelhas, camelos e jumentos" (1 Samuel 15.1-3).

A ordem de Deus não era confusa ou complicada. O Senhor falara por intermédio de Samuel e a resposta de Saul só poderia ter sido uma: obediência. Ele deveria assaltar os amalequitas e aniquilá-los, não deixando absolutamente ninguém com vida no acampamento.

A DESOBEDIÊNCIA DE SAUL

Ao sair para cumprir as ordens de Deus, Saul já O desobedeceu parcialmente. Ele poupou a vida do rei dos amalequitas, Agague, e o melhor das ovelhas, dos bois, dos cordeiros e dos animais gordos (1 Samuel 15.8,9).

O ORGULHO DE SAUL

Quando Samuel foi informado sobre a desobediência do rei, o profeta o confrontou e logo percebeu que ele estava inflamado pelo orgulho. Samuel madrugou para poder encontrar Saul pela manhã. Este havia ido para Carmelo, e para quê? Para erguer um monumento em homenagem a si mesmo (1 Samuel 15.12).

A DECEPÇÃO DE SAUL

Vendo que Samuel o encontrara, Saul foi até ele e disse: *"Bendito sejas tu do Senhor; executei as palavras do Senhor"* (1 Samuel 15.13b). O rei Saul já estava tão acostumado a

186

LIDERANÇA E INFLEXIBILIDADE

manipular as situações em proveito próprio, que talvez até acreditasse na mentira que disse. Ele estava tão cego, era tão hábil em racionalizar os acontecimentos e sabia tão bem entender as ordens segundo as suas necessidades pessoais que foi ao encontro de Samuel sorrindo, satisfeito, julgando-se, indiscutivelmente, um herói.

A CONFRONTAÇÃO DO PROFETA

Samuel respondeu: "(...) *Que balido, pois, de ovelhas é este nos meus ouvidos, e o mugido de bois que ouço?"* (1 Samuel 15.14). Samuel pôs Saul face a face com seu pecado. Ele sabia que quando o rei decidiu não cumprir a ordem do Senhor cabalmente, sua desobediência foi integral.

A AUTODEFESA DE SAUL

Ao ouvir a pergunta do profeta, Saul ficou na defensiva. Não houve arrependimento, nem confissão humilde do erro, nem disposição de aceitar a culpa. Orgulhoso e teimoso, ele retrucou: *"(...) De Amaleque os trouxeram; porque o povo poupou o melhor das ovelhas e dos bois para os sacrificar ao Senhor teu Deus; o resto, porém, destruímos totalmente"* (1 Samuel 15.15).

A RACIONALIZAÇÃO DE SAUL

Após ter recebido a advertência de Samuel só restavam a Saul duas opções: submeter-se e arrepender-se ou permanecer em sua teimosia e racionalizar o seu pecado. Infelizmente, ele optou pela segunda e, não apenas isso, transferiu para o povo um erro que era exclusivamente seu.

A SEGUNDA CONFRONTAÇÃO DE SAUL

A segunda vez que Samuel acareou Saul, ele não enfatizou especificamente o pecado em si, mas o princípio espiritual da obediência total ao Senhor: *"(...) Eis que o obedecer é melhor do que sacrificar, e o atender melhor do que a gordura de carneiros"* (1 Samuel 15.22b). O interesse de Deus não se atém à aparência exterior; Ele nunca é enganado por desculpas ou pela lógica humana. Sua atenção se volta para o coração da pessoa e para sua disposição em obedecer.

Essa é uma das admoestações mais contundentes de toda Palavra. Ela destrói qualquer tentativa de adaptar o padrão divino às desculpas e às racionalizações humanas. Deus se agrada e é glorificado pela nossa obediência. No versículo 23, a confrontação continua dura e direta: *"Porque a rebelião é como pecado de feitiçaria, e a obstinação é como a idolatria e culto a ídolos do lar"* (1 Samuel 15.23a). O Senhor não ensinou que a rebelião é uma violação simples. Ela envolve a atuação demoníaca. E a insubordinação? É comparável à idolatria e ao culto a ídolos.

A RESIGNAÇÃO DE SAUL

"(...) Pequei, pois transgredi o mandamento do Senhor e as tuas palavras".

A admissão de seu pecado não implicou em arrependimento, mas em resignação, pois ele pediu: *"(...) honra-me, porém, agora diante dos anciãos do meu povo, e diante de Israel;*

LIDERANÇA E INFLEXIBILIDADE

e volta comigo, para que adore ao Senhor teu Deus" (1 Samuel 15.30). Fica muito claro que Saul preocupava-se mais com sua aparência de homem justo e bem-sucedido que em ter um coração arrependido. Ele resistiu a exortação de Deus feita pelo profeta, ponde-se em posição superior ao Senhor e fazendo-se juiz do que era certo ou errado. Saul recusou-se a receber a disciplina de Deus e o resultado foi a rejeição do Senhor ao seu posto de rei sobre Israel.

Davi, por sua vez, que era o oposto a Saul em muitos aspectos, demonstrou ser capaz de reagir com humildade e receptividade à disciplina.

Davi pode muito bem ser citado como ilustração do versículo de Hebreus 12.11: *"Toda disciplina, com efeito, no momento não parece ser motivo de alegria, mas de tristeza; ao depois, entretanto, fruto de justiça"*. A disciplina tem o objetivo de desenvolver a justiça no coração. A diferença entre Saul e Davi ficou patente na maneira como cada um recebeu a correção. Davi decidiu submeter-se ao processo e, por isso, Deus declarou: *"(...) Eis aqui um homem segundo o meu coração"*.

O PECADO DE DAVI

Davi já era rei de Israel e desfrutava dos privilégios de sua condição de soberano. Atraído por uma linda mulher, Bate-Seba, ele a conduziu até seus aposentos reais e a seduziu. Quando Bate-Seba engravidou, Davi sentiu-se culpado. Como ela era uma mulher casada, Davi planejou criar um ambiente de forma que o marido tivesse a oportunidade de procurar sua mulher, justificando, assim, a sua gravidez.

A recusa do marido, em desviar a atenção de seu objetivo profissional para o pessoal, levou-o a procurar esconder o seu pecado de outra forma. Davi, portanto, decretou a morte do marido de sua amante, enviando-o para uma posição à frente do exército em que, certamente, seria aniquilado.

O versículo final de 2 Samuel 11 descreve o sentimento de Deus a respeito da atitude de seu servo, Davi: "(...) *Porém isto que Davi fizera, foi mal aos olhos do Senhor*" (2 Samuel 11.27).

Do ponto de vista humano, o pecado de Saul parece ser bem menos sério, não é? Afinal de contas, Davi assassinou um homem na tentativa de encobrir o seu adultério, ao passo que Saul só deixou de obedecer a uma pequena parte de uma ordem de Deus. No entanto, o Senhor vê e analisa nosso coração. Davi, ao ser confrontado e tomar consciência de seu pecado, demonstrou de forma clara e sincera seu genuíno desejo de arrepender-se e obedecer a Deus.

A CONFRONTAÇÃO DE DAVI

Em uma cena dramática e tensa, o profeta Natã confrontou Davi (2 Samuel 12.1). Diante do rei, Natã contou uma parábola: "*Havia numa cidade dois homens, um rico e outro pobre. Tinha o rico ovelhas e gado em grande número; mas o pobre não tinha cousa nenhuma, senão uma cordeirinha que comprara e criara, e que em sua casa crescera, junto com seus filhos; comia do seu bocado e do seu copo bebia; dormia nos seus braços e a tinha como filha. Vindo um viajante ao homem rico, não quis este tomar das suas ovelhas e do gado para dar de comer ao viajante que viera a ele; mas tomou a cordeirinha do homem pobre, e a preparou para o homem que havia chegado*" (2 Samuel 12.1-4). Davi ficou

LIDERANÇA E INFLEXIBILIDADE

enfurecido com tamanha usura e maldade e ordenou a morte do homem que cometera tal crime. O rei achando que o seu pecado não era conhecido por ninguém, ingenuamente, caiu na armadilha do profeta e se autocondenou: *"(...) Tu és o homem"* (v.7), disse Natã a Davi.

A CONVICÇÃO DE DAVI

No instante em que foi confrontado, Davi foi confrontado com as mesmas opções de Saul: resistir à correção e racionalizar sua atitude ou reconhecer a validade da exortação e arrepender-se. Davi optou pela segunda alternativa (Aleluia!).

O ARREPENDIMENTO DE DAVI

A resposta imediata ao reconhecimento do pecado foi aceitar a exortação sem autodefesa, racionalização ou ataque ressentido contra o profeta. Ele aceitou a responsabilidade total de sua ação e submeteu-se à disciplina do Senhor. Embora seu pecado tenha sido muito grave, o seu coração foi sensível à voz de Deus sendo então, restaurado por ele.

Colega pastor, nós temos reservas espirituais fornecidas pelo Espírito Santo, às quais recorremos nas horas de luta e dor. No entanto, não por poucas vezes, sacamos dessas reservas para acobertar nosso pecado e desperdiçamos a força espiritual que o Pai nos dá. Como Saul, tentamos nos justificar, defender nossa reputação, explicar nosso comportamento e, nessa luta para preservar a nossa imagem, acabamos enganando aos outros e a nós mesmos. A busca de uma autojustificação não traz paz porque sempre haverá uma nova atitude a ser racionalizada ou um novo comportamento a ser defendido. Contudo, se, como Davi, reconhecermos nossa culpa e aceitarmos a justificação que Deus nos oferece por intermédio de Jesus Cristo, Ele se tornará o nosso Advogado, e não necessitaremos de qualquer outra defesa.

A advertência e a correção do Senhor vêm de três formas:

1. Pela Palavra de Deus;
2. Pela convicção do Espírito Santo;
3. Por um instrumento humano usado por Deus para nos exortar por intermédio de Sua Palavra.

Deus providenciou Samuel e Natã para confrontar a Saul e a Davi, respectivamente. Será que você tem alguém assim ao seu lado, com amor, envolvimento e coragem suficientes para confrontá-lo em caso de alguma falha de caráter ou de algum deslize, de algum pecado?

Finalizando este capítulo, gostaria de fazer algumas observações sobre formas positivas de encarar e receber correções. Ser confrontado não é uma situação confortável para ninguém. No entanto, se quisermos ser edificados precisaremos conscientemente direcionar nossas reações:

- Destruindo as defesas - resista à tentação de defender-se ou de atacar a pessoa que lhe fizer uma repreensão.
- Ouvindo o Espírito Santo – "não fale alto demais", pois se uma postura defensiva dificulta ouvirmos o que os outros falam, quanto mais ao Espírito Santo!
- Avaliando a correção – Ela é válida? Essa pessoa nutre algum ressentimento a meu respeito? Houve falta de

LIDERANÇA E INFLEXIBILIDADE

sabedoria da parte dela na aplicação do princípio bíblico?

- Aceitando a correção – "Realmente, eu cometi este pecado!".
- Sendo grato pelas feridas feitas por um amigo fiel – uma disciplina amorosa leva a um relacionamento mais profundo com Deus, com a pessoa que nos corrige e a um ministério mais eficiente.

A declaração do dr. M. Scott Peck, em seu livro *The Road Less Traveled* [*Uma estrada pouco percorrida*] pode parecer dura, mas guarda uma verdade conhecida daqueles que já se dispuseram a ser corrigidos por Deus: "A verdade é evitada quando é dolorosa. Podemos modificar nossas vidas apenas quando somos disciplinados o bastante para suportar a dor. Para obter tal disciplina precisamos ser totalmente dedicados à verdade. Isto é, exaltá-la para que ela seja mais importante que o interesse próprio ou o conforto pessoal. Precisamos sempre considerar nosso desconforto como relativamente sem importância e até considerá-lo bem-vindo quando em serviço da busca da verdade. O que significa uma dedicação completa à verdade? 1 – Auto-avaliação rígida; 2 – Disposição em ser desafiado; 3 – Honestidade integral".

Meu amigo, nenhum desses três últimos itens citados pode ser alcançado sem sofrimento.

Senhor,

Sou tentado diariamente ser dissimulado, hipócrita, falso e desobediente.

Ensina-me a disciplina da obediência. Se pecar, que eu tenha imediatamente a disposição de me arrepender daquele pecado e caminhar na direção da obediência e da graça da qual tanto preciso.

Quero ter um coração semelhante ao de Davi. Quero ser um homem segundo o Teu coração.

Consciente da minha fraqueza lanço-me em Teus braços, suplicando pela tranqüilidade que é oferecida àqueles que são dependentes de Ti.

Em nome de Jesus Cristo,

Amém!

Dezesseis

"... E AGORA, SOB OS REFLETORES: SEUS FILHOS!"

"A grande tragédia de minha vida é que, apesar de ter levado centenas de pessoas a Jesus Cristo, meus próprios filhos não são salvos".

Billy Sunday

Em uma pequena cidade do interior há uma comunidade evangélica muito próspera. Seu pastor, ótimo pregador, zeloso e carinhoso com seu rebanho, é muito amado por todos e agraciado com a lealdade dos irmãos.

João é o filho mais velho desse pastor. Aparentemente, ele cresceu sem maiores problemas familiares e teve uma infância e uma adolescência estável e feliz. Já adulto, casado, mudou-se para um populoso centro urbano; o mesmo aconteceu ao seu irmão e a sua irmã. Os três nunca questionaram a fé e os valores de vida de seus pais, mas apesar de terem sido criados sob a orientação de um casal cristão envolvido no ministério, João e seus irmãos admitem que embora aceitem o modo de viver e a crença dos pais, eles nunca se tornaram verdadeiramente cristãos.

Desde pequeno Davi sempre foi muito rebelde. Seu pai, pastor de uma igreja forte e equilibrada em uma grande capital do país, sempre se preocupou muito com o filho. Finalmente, ao tornar-se adulto, Davi prestou vestibular para a faculdade de medicina e foi aprovado. Entretanto, um ano após ter iniciado o curso ele abandonou os estudos e juntou-se a uma turma ainda mais rebelde que ele.

Seus pais sempre lamentavam as atitudes intempestivas do filho. Esporadicamente, aparecia em casa, mas suas visitas vinham acompanhadas de arrogância, provocações, acusações e desentendimentos. Elas foram ficando mais e mais escassas, até cessarem.

A última notícia que chegou ao pastor e a sua esposa, é que Davi estava preso por roubo. Embora seus pais sempre demonstrassem manifestações irrefutáveis da presença do Espírito Santo em suas vidas e tentassem com tenacidade oferecer a Davi uma educação condizente com os padrões de Deus, ao que parece, tudo redundou em fracasso. O que aconteceu?

Jéssica, também é filha de um pastor renomado. Em sua adolescência deixou florescer sua rebeldia, desobediência e obstinação. Seu estilo de vida em nada a identificava como uma pessoa cristã. Jéssica começou a namorar um rapaz não-cristão sem conhecimento dos pais e como o namoro era totalmente liberal e sem compromisso ela acabou engravidando. Sem consultar ninguém, ela e o namorado optaram pelo aborto, e o providenciaram sem perda de tempo. A notícia logo se espalhou e causou grande constrangimento entre os membros da igreja de seu pai.

Mais tarde, no decorrer dos anos, ela se envolveu com sete homens diferentes, incluindo um homem casado e com filhos. Jéssica não tem o menor interesse pelos assuntos espirituais. Atualmente é uma mulher solitária que continua a rejeitar veementemente a fé e o modo de vida de seus pais.

Os três casos que acabei de compartilhar têm algumas coisas em comum: todos os jovens citados são filhos de pastor, todos foram criados aprendendo sobre Deus, todos presenciaram, de alguma forma, a bondade e a graça de Deus. E, por fim, muito provavelmente todos saberiam citar de cor o versículo de Provérbios 22.6: *"Ensina a criança no caminho em que deve andar, e ainda quando for velho não se desviará dele".*

Mas o que houve? Algo saiu errado! Como eu gostaria de poder propor uma explicação clara e definitiva sobre o que provocou esses desencontros, mas, infelizmente, não posso fazê-lo e não acredito que alguém possa. Tenho conversado e chorado com pastores e suas esposas que, em desespero, contestaram a eficácia do versículo que citei; cheios de perplexidade, aflição e dúvidas. Realmente, não conseguiam compreender o que acontecera!

Não querendo cair no lugar-comum, recorro a um velho jargão para retratar essa realidade: cada caso é um caso! Tenho observado pais dedicados e fiéis ao Senhor, sensíveis aos seus filhos, coerentes no ensino e na aplicação dos princípios da Palavra de Deus em seus lares, criarem filhos indomáveis, rebeldes, desobedientes que se tornam motivos de tristeza e de vergonha para eles. Por outro lado, tenho conhecido filhos de pais separados, jovens provenientes de famílias conturbadas e desestruturadas que acabam se tornando homens e mulheres valorosos para o mundo em que vivem e para o Reino de Deus. Essa é, realmente, uma das incoerências da vida!

Não sou Deus nem o Espírito Santo e, por isso mesmo, não tenho todas as respostas. Arrisco-me, porém, a identificar alguns problemas que, se existentes nas famílias dos líderes cristãos, podem influenciar negativamente a infância e a adolescência dos filhos, abrindo a porta para um relacionamento difícil e vulnerável tanto deles consigo mesmos, quanto com os pais e também com Deus.

1. EXPECTATIVAS IRREAIS E INJUSTAS

Filhos de pastores, e incluo aqui também filhos de missionários, sentem sobre si o peso de serem melhores que outros jovens de sua idade. Seus professores da Escola Dominical aguardam ouvir deles a resposta bíblica mais correta. Ao surgir um trabalho voluntário na igreja querem sempre que o filho ou filha do pastor/missionário sejam os primeiros a se apresentar. E a expectativa sobre eles não pára: espera-se que sejam líderes da equipe de louvor, que saibam todas as respostas de um concurso bíblico, que nunca se atrasem nas reuniões e que sejam sempre o exemplo vivo de um verdadeiro cristão em aparência e em atitudes.

Nós, os pastores, e nossos rebanhos acabamos nos esquecendo que nossos filhos são humanos e falhos como nós. Precisam de seu próprio espaço para dar vida às convicções pessoais, lutar contra suas atitudes negativas, dúvidas e questionamentos.

Por que o pai/pastor tende a construir expectativas irreais em relação aos seus filhos? A resposta a essa pergunta costuma ser uma projeção, pois geralmente é assim que nossa igreja age conosco, esperando mais do que podemos dar.

"... E AGORA, SOB OS REFLETORES: SEUS FILHOS!"

Somos avaliados por desempenho, temos de ser exemplos de espiritualidade, querendo ou não, e acabamos refletindo toda essa ansiedade em nossos filhos. Quando não alcançam o padrão que estipulamos, começamos a ter conflitos com eles.

Lembro-me bem. Era uma manhã de domingo e nos preparávamos para ir ao culto. Márcia, minha segunda filha, retocava o cabelo no espelho da sala. Eu estava sentado recapitulando rapidamente o sermão que ia pregar. Ela olhou para mim e perguntou: "E então, pai, como estou?" Olhei para ela e achei que estava ótima, com uma blusa nova. Mas..., um momento, o que era aquilo? Por que levantar a gola? Bobagem minha, mas na época achei aquele detalhe moderninho demais para a filha de um pastor.

- Márcia, você está linda, mas será que não pode baixar a gola de sua blusa? Por que você quer usá-la assim?

- Ora, porque é assim que todo mundo usa. É moda agora, pai!

Mais tarde, pensando sobre o incidente, compreendi que minha preocupação não era exatamente com a gola da blusa de minha filha, mas, com minha reputação diante dos outros. "O que eles vão dizer da filha do pastor Jaime?".

2. PAIS AUTÊNTICOS ADMITEM SUAS FRAQUEZAS

Conversei com centenas de filhos de pastores e missionários antes de escrever sobre este assunto e creio que consigo identificar essa dificuldade no processo de crescimento dessas pessoas. Uma das coisas mais difíceis para os filhos "engolirem" é a incapacidade dos pais de serem autênticos e coerentes em suas atitudes no lar. Nossa vida pública não pode e não deve diferir de nossa vida particular. As crianças notam e, pior, aprendem facilmente a hipocrisia dos pais e dos adultos em geral. Para agravar a situação, os filhos têm consciência de que seus pais são venerados e respeitados pelos membros da igreja e quando não existe harmonia entre o que acontece no templo e em casa, isso causa questionamentos e dúvidas em seus corações.

Por favor, não estou pondo sobre ninguém a terrível responsabilidade de ser perfeito, pois os filhos não esperam que seus pais o sejam. O que eles querem é autenticidade, honestidade, sinceridade e transparência a ponto de serem suficientemente humildes para reconhecer quando erram.

Roy Hession, grande pastor inglês, em uma de suas passagens pelo Brasil, contou uma emocionante história, que por ser verídica, aplica mais força ao conceito que desejo expor.

Um de seus filhos, com 18 anos na época, era rebelde e indisciplinado. Um dia resolveu deixar sua casa e morar no hotel da cidade. Assim, pensava ele, teria mais liberdade para beber e sair com mulheres sem ser censurado e repreendido. Sua conduta envergonhava e entristecia seu pai, pastor daquela pequena localidade, no interior da Inglaterra.

Passado algum tempo, Roy Hession foi até o hotel para tentar falar com o jovem. Ao abrir a porta, o rapaz ficou surpreso, mas depois de poucos segundos refez-se e mostrou-se duro a tal ponto que nem ao menos convidou o pai para entrar. Relutante, ouviu o que ele tinha a dizer:

- Filho, volte para casa. Deus quer te perdoar.

Foi o bastante! No mesmo instante, o jovem bateu a porta violentamente.

Roy Hession conta que desceu as escadas e chegou à rua com o coração aos pedaços, imensamente triste e

"... E AGORA, SOB OS REFLETORES: SEUS FILHOS!"

decepcionado, pensando que seria melhor desistir de tudo e abandonar o ministério. Nas semanas seguintes, enquanto meditava em sua casa sobre que decisão tomar, o Espírito Santo começou a lhe mostrar que o problema não estava em seu filho, mas nele mesmo. Ele nunca dispensara tempo àquele jovem, nem mesmo quando ele era criança. Não o levara a pescar, não jogara bola com ele, não se importara em ouvir o que tinha a dizer. Fora um pai ausente (ansioso por cumprir suas obrigações com a igreja). Resolveu, então, telefonar para o rapaz. Após várias tentativas, finalmente conseguiu falar com ele:

- Filho, por favor, ouça-me apenas por dois minutos. É muito importante!

- Fale.

- Deus me mostrou que não fui o pai que deveria ser. Eu amei mais o meu trabalho na igreja do que o meu papel de pai. Estou arrependido e telefonando agora para pedir-lhe perdão e confessar que fui um fracasso como pai.

Do outro lado da linha, um breve silêncio e, então, o telefone foi desligado. Roy Hession disse que chorou muito aquele dia.

Duas semanas se passaram, até que certa tarde em que ele estava em casa, abatido e desanimado, a campainha tocou. Ao abri-la, Roy assustou-se ao deparar-se com seu filho. Meio sem jeito, convidou-o a entrar. Imediatamente, o rapaz disse:

- Pai, me perdoe por ter desligado o telefone tão bruscamente naquele dia. Quando o senhor confessou ter falhado comecei a chorar e não queria que percebesse, por isso desliguei. Mas suas palavras penetraram em meu coração, pois nunca pensei que o senhor tivesse a coragem de admitir seu erro. Deus também falou comigo, e estou aqui para confessar que também sou um fracasso como filho.

Chorando, ambos se abraçaram e pediram perdão um ao outro, esperançosos de fazer renascer das cinzas um relacionamento mais forte, mais honesto, mais autêntico.

Não é necessário relatar o que aconteceu depois. O filho voltou para casa, e o pastor para o seu ministério.

Ao concluir, Roy Hession olhou para o auditório que o ouvia atentamente, repleto de pais, pastores, missionários e disse:

- Não pensem que vocês são muito velhos para se humilhar diante de seus filhos, sejam eles crianças, adolescentes ou jovens, e dizer: "Filho, eu errei, me perdoe!". Pode ser que vocês tenham um filho rebelde e não saibam mais o que fazer com ele. Quero sugerir que comecem sendo honestos, autênticos e transparentes, pois, com certeza, ele odeia a hipocrisia.

Irmãos, não somos perfeitos e nunca o seremos nesta terra. No entanto, podemos ser transparentes sobre nossas fraquezas com os nossos filhos. Não devemos temer mostrar nossa vulnerabilidade perante os membros de nossa família, receando perder seu respeito. A verdade é que sendo abertos crescemos em seu conceito. E não só isso. Agindo assim, também poderemos ajudá-los a seguir esse exemplo de abandono à hipocrisia e acolhimento da autenticidade.

3. AS CONSTANTES MUDANÇAS DE ENDEREÇO

As freqüentes mudanças a que um pastor expõe sua família, às vezes, têm conseqüências danosas na vida de

"... E AGORA, SOB OS REFLETORES: SEUS FILHOS!"

seus filhos. Uma delas é que eles dificilmente terão raízes geográficas. Tal como filhos de artistas circenses que vivem em um *trailer* e não conhecem alegrias simples como ir à escola, ter amigos para ir ao cinema, fazer visitar etc. Estão dez dias em uma cidade, dez em outra. Não se identificam com lugar nenhum.

Quando, enfim, o rapaz ou a moça chegam à faculdade e precisam preencher formulários, no item endereço põem o lugar onde o "circo está armado", ou melhor, a cidade onde está a igreja em que o pai, naquele momento, está pastoreando.

Nossos filhos necessitam de amigos de longa data. Amigos da escola, da rua, da igreja. Relacionamentos íntimos, lembranças, tradições, memórias. Pessoalmente, não considero aceitável os pastores mudarem de igreja de dois em dois ou três em três anos. Até entendo, mas não concordo!

Em 1986, quando nos mudamos de Curitiba, onde duas de nossas filhas passaram grande parte de sua adolescência, observei como tudo foi difícil para Melinda e Márcia. Elas tinham amizades sólidas com as crianças da rua em que morávamos, na igreja que freqüentávamos e na escola em que estudavam. Nossa segurança era tanta, que elas iam ao *shopping* no centro da cidade em companhia de seus amigos e Judith e eu não nos preocupávamos. Já em São Paulo, onde voltamos a morar, tudo se mostrou diferente: cidade maior, mais perigosa, escola maior, novo ambiente, novos relacionamentos, tudo novo. Se não fossem os "tios" e as "tias", nossos antigos colegas e amigos, bem como seus filhos, a ambientação delas teria sido muito mais complicada.

Às vezes, é doído até mesmo para os pais. O que dizer dos filhos? É preciso haver consciência, compreensão e respeito de nossa parte, em relação às mudanças a que submetemos nossas famílias.

4. O ESTIGMA DOS FILHOS DE PASTOR

Em certas comunidades e congregações a reputação dos filhos de pastor é negativa. Isso pode ocorrer devido a uma herança deixada por filhos de pastores anteriores, e a igreja já pode ter um perfil definido na mente: filho de pastor é rebelde e intransigente. (Ponto final!) E uma das expressões que mais se ouve, no que diz respeito à "prole pastoral", é:

- Filho de pastor? Deus me livre, só causa problemas.

Há aqueles que não têm esse perfil, mas que acabam, de qualquer jeito, levando a fama, mesmo que injusta. E agora? Como escapar dessa situação? "Se ficar, o bicho come, se correr, o bicho pega."

O que pode ser feito para minimizar esse problema no que diz respeito ao pastor e aos seus filhos?

Não há fórmulas simples ou soluções fáceis que garantam sucesso total. Contudo, creio que existam meios de aliviar a tensão provocada, por essa situação, nas famílias dos pastores.

Amor incondicional

O que significa?

Amar incondicionalmente é oferecer amor aos filhos sem levar em conta qualquer outra consideração. Não importa aparência, qualidades, deficiências e nem o comportamento. Não é importante o que esperamos que eles sejam e, mais

"... E AGORA, SOB OS REFLETORES: SEUS FILHOS!"

difícil ainda, não importa como ajam. Naturalmente, isso não quer dizer que sempre apreciaremos ou aplaudiremos suas ações.

O amor incondicional significa que amamos nossos filhos mesmo quando, às vezes, reconhecemos suas atitudes ou procedimentos equivocados. Na verdade, dar amor incondicional é desenvolver um relacionamento gracioso, compassivo e compreensivo.

Vou fazer algumas perguntas que poderão nos auxiliar a entender melhor nossas relações familiares e a aplicação da graça na vida de nossos filhos e esposa:

1. Você costuma dizer à sua esposa ou aos seus filhos, frases como as abaixo:
   - Gosto de você quando prepara aquele prato especial que eu tanto aprecio!
   - Fico orgulhoso quando você se arruma tão bem!
   - Não faça mais isso senão o Papai do céu não gosta mais de você!
2. Você já comunicou que o seu amor por seu filho está condicionado ao comportamento e às atitudes? Cuidado com as expressões que utiliza, pois podem passar uma idéia errada e, além de desestabilizar suas emoções, podem levá-lo a desenvolver um conceito de amor interesseiro e falso.
3. Você já tentou manipular algum membro de sua família, comunicando ou negando o seu amor dependendo de atitudes ou comportamentos?
4. Você acha que Deus manipula seus filhos? O amor Dele é condicional ou incondicional?

O que seu cônjuge e seus filhos estão aprendendo do Senhor por intermédio de sua atitude e comportamento com eles? Lembre-se, você também é o pastor de sua família!

TEMPO SEMANAL (COM CADA FILHO)

Cada filho precisa, individualmente, de tempo com a mãe e com o pai. Isso não é nada fácil para pastores sempre tão ocupados, mas temos uma vantagem, pois até certo ponto controlamos nossas agendas.

Muitos pais estão ocupados demais, envolvendo-se totalmente na realização profissional e, com isso, negligenciam as necessidades de seus filhos.

Talvez você já tenha ouvido a história do filho de um pastor que não conseguia comunicar-se com o pai e telefonou para a secretária da igreja marcando um horário para aconselhamento! É triste quando um filho precisa chegar a esse ponto!

É importante que, nós pastores, tenhamos encontros preestabelecidos com nossos filhos, mas devemos lembrar que a comunicação também deve ocorrer de forma espontânea e natural, extrapolando as formalidades. Nem sempre uma hora marcada resolve o problema.

Até hoje me lembro de um pôster que vi certa vez, cuja paisagem me impressionou muito. Eram altas montanhas rodeando um lago cristalino. A paisagem transmitia calma e tranqüilidade. Em segundo plano havia um barquinho com duas pessoas dentro dele e duas varas de pesca com as linhas estiradas na água. No canto direito inferior, havia os seguintes dizeres:

"... E AGORA, SOB OS REFLETORES: SEUS FILHOS!"

"GASTE TEMPO". Não tinha nenhuma outra palavra, mas a imagem em si falava muito mais que um longo discurso. Fiquei olhando bastante tempo para aquele pôster e aprendi com ele. A comunicação foi realizada e houve em minha vida um recebimento tanto em nível cognitivo quanto emocional e operacional. O princípio transmitido foi a relevância do tempo gasto entre pais e filhos.

Caros irmãos, se nossos filhos têm de competir com a igreja ou com a agenda de seus pais, isso pode gerar ressentimentos e amargura em seus corações para com os pais e, infelizmente, até para com Deus.

COMUNICAÇÃO ABERTA

A maior necessidade do filho, especialmente do adolescente, é ter acesso livre aos pais. Nossos filhos devem saber o que se passa conosco espiritual e emocionalmente, nossas lutas, vitórias e fracassos. Eles têm de ser nossos parceiros em oração, mesmo quando ainda são pequenos. Nem sempre entenderão tudo completamente, mas com certeza conseguirão captar o *espírito* da oração.

Quando nossos filhos acompanham nossas lutas espirituais, eles reconhecem que somos vulneráveis, mas que dependemos de Alguém que não é, e isso é extremamente positivo para eles.

Outro benefício é que essa atitude poderá fazer que não sejamos *pedras de tropeço* em suas vidas, motivo de profundas decepções, pois conhecendo nossas batalhas saberão que estamos sujeitos a cair. Quando os filhos oram constantemente pelos pais, superam com mais facilidade as fraquezas destes.

O contrário também é verdadeiro. Precisamos compreender suas lutas e dúvidas. Aprender a dialogar, orar com eles e ajudá-los a desenvolver suas convicções sobre os questionamentos que estão enfrentando. Os filhos necessitam aprender a agir sob a força que Deus lhes dá e aplicar os princípios da Palavra nas decisões a serem tomadas, permanecendo firmes mesmo diante das pressões externas da turma, dos costumes, dos hábitos etc.

Alvos arrojados

Uma das razões porque os filhos se afastam e se alienam de seus pais é que, muitas vezes, eles não têm alvos que os desafiem. Há pastores orando pela conversão dos filhos com o objetivo de que se tornem membros da igreja ou para que vivam moralmente com consistência e firmeza não para o deleite interior de um relacionamento íntimo como o Pai, mas para que eles não os envergonhem (pais) com suas atitudes.

Tudo isso é proveitoso e louvável, mas não é o bastante. Temos que inspirá-los, desafiá-los, encaminhá-los. É importante observar seus dons, potenciais, capacidades naturais e dar-lhes oportunidades para desenvolver tais vantagens a fim de que cresçam e progridam como pessoas.

Será que uma das razões pelas quais muitos filhos de pastores e missionários não seguem a mesma carreira de seus pais é porque não têm o menor interesse nela? Sei que existem exceções, mas são exatamente isso: exceções.

Quem sabe se, enquanto cresciam, os pais não os envolveram ativamente em seus ministérios? Talvez não tenham encontrado espaço para fazer evoluir seus dons

"... E AGORA, SOB OS REFLETORES: SEUS FILHOS!"

e talentos. Vai ver não participaram de nenhum projeto empolgante em que pudessem servir ao Senhor e amar aos outros. Ou, é difícil até pensar, os pais não lhes deram espaço por se sentirem ameaçados por sua capacidade e juventude?!

Quando o ministério não é "meu", mas "nosso", quando compartilhamos alvos e valores dando chance e espaço para que os dons de nossos filhos sejam desenvolvidos e exercidos há maiores chances de que, no futuro, nossas energias não precisem ser desviadas em tentativas de reconciliação.

Como família, podemos trabalhar melhor, lado a lado, para realizar a obra de Cristo na restauração do mundo ferido.

Dezessete

MINISTROS DA GRAÇA

"*José chorou*" (Gênesis 50.17).

O primeiro-ministro do Egito, o segundo na cadeia de comando do reino, um homem poderoso e respeitado, o principal colaborador de faraó estava em prantos. Por quê? Se alguém podia se sentir feliz e realizado naquela fase da vida, essa pessoa era José.

Ainda em Israel, vivendo com sua família, atravessou um período tenebroso de sua vida quando sofreu perseguições e humilhações em conseqüência do ódio e do ciúme de seus irmãos. Justamente por isso, eles o venderam como escravo, para que deixasse de representar a ameaça que imaginavam.

No Egito, servindo como escravo em casa de um oficial de Faraó, comandante da guarda, ele foi encarcerado, apesar de inocente. Então, por fim, em meio à escura aflição a que estava sendo submetido, brilhou intensamente uma luz divina, libertadora, e a época da tranqüilidade e da bonança chegou.

José se tornou, como já mencionado, a segunda maior autoridade daquele país, que era o mais rico e próspero daquele tempo. Ele só precisava "estalar os dedos" e tudo era feito conforme a sua vontade. Contudo, não somente ele usufruía a bênção de ocupar uma posição de projeção, mas também seus queridos pai e irmãos que ele, tão dedicadamente, mandara buscar em Canaã.

Durante dezessete anos Jacó viveu ao lado do filho José, no Egito, e aos cento e quarenta e sete anos, faleceu.

Logo após o funeral de Jacó, outro fato entristeceu muito José. Ele ficou tão perturbado que não conseguiu esconder seu choro: *"Vendo os irmãos de José que seu pai já era morto, disseram: É o caso de José nos perseguir, e nos retribuir certamente o mal todo que lhe fizemos. Portanto mandaram dizer a José: Teu pai ordenou, antes da sua morte, dizendo: Assim direis a José: Perdoa, pois, a transgressão de teus irmãos e o seu pecado, porque te fizeram mal; agora, pois, te rogamos que perdoes a transgressão dos servos do Deus de teu pai. José chorou enquanto lhe falavam"* (Gênesis 50.15-17).

Note que antes de mencionar o pedido de Jacó, referiram-se ao patriarca como "seu pai"; aparentemente julgavam-se indignos de serem irmãos do primeiro-ministro egípcio.

Creio que é válido supor que Jacó vivera dezessete anos junto a José, mas desconfiava que ele não perdoara aos irmãos. Foi essa suspeita que deixou José tão consternado e magoado, a ponto de fazê-lo chorar.

A desconfiança projeta uma barreira entre pessoas que se amam e se respeitam.

Os irmãos de José planejaram tudo cuidadosamente. Demonstraram humildade quando não foram pessoalmente entregar a mensagem que Jacó deixara, porém, a enviaram por um mensageiro, como era costume da época em relação a uma destacada autoridade. Além disso, optando por não estarem presentes pessoalmente, eles poderiam avaliar a reação do irmão por meio do relato do mensageiro.

MINISTROS DA GRAÇA

A reação de José foi tão inesperada quanto evidente. Quando tomou conhecimento do pedido de seu pai, ele chorou.

"Depois vieram também seus irmãos, prostraram-se diante dele e disseram: Eis-nos aqui por teus servos. Respondeu-lhes José: Não temais; acaso estou eu em lugar de Deus? Vós, na verdade, intentastes o mal contra mim; porém, Deus o tornou em bem, para fazer, como vedes agora, que se conserve muita gente em vida" (Gênesis 50.18-20).

Esse incidente é uma das mais belas narrativas do Antigo Testamento sobre a graça. Segundo a definição, graça é um favor imerecido. E não foi exatamente isso que José manifestou? Costumamos utilizar a expressão: "Tal pessoa sabe ser graciosa" para descrever a beleza interior de alguém. Em Atos 6.8, lemos que Estêvão estava *"cheio de graça"*. Ele adotou a doutrina da graça em tal profundidade, que ela tornou-se intrínseca à sua personalidade.

Somos recipientes da graça de Deus e devemos também ser Seus canais. Primeira de Pedro 4.10 atesta: *"...somos bons despenseiros da multiforme graça de Deus"*. Para permitir que ela flua precisamos experimentá-la. Ela não é concedida por merecimento pessoal, mas sim a um coração receptivo e dotado de fé. Para ser seus ministros, devemos nos apropriar dela em cada experiência de nossa vida cristã.

Se aprisionarmos uma abelha em uma garrafa com a abertura voltada para o lado oposto à luz, o inseto voará constante e invariavelmente, até a exaustão, em direção à claridade, procurando escapar. Basta virarmos a garrafa ao contrário, com a abertura para a luz, que a abelha conseguirá

PASTORES EM PERIGO

sair. A borda da garrafa está sempre aberta, a postos para proporcionar a liberdade, mas a abelha "não reconhece a graça" e não pode voar livremente.

Durante dezessete anos, os irmãos de José não distingui-ram que a graça de Deus lhes era oferecida por intermédio de seu irmão, por isso viviam amedrontados, desconfiados e envolvidos em desentendimentos até o falecimento de seu pai, Jacó.

O autor de Hebreus alega: *"Atentando diligentemente por que ninguém seja faltoso, separando-se da graça de Deus; nem haja alguma raiz de amargura que, brotando, vos perturbe e, por meio dela, muitos sejam contaminados"* (Hebreus 12.15). O ministério da graça exerce sua função quando liberta os homens da amargura. Gosto de pensar que a graça de Deus é como graxa lubrificando as engrenagens dos relacionamentos. Ela não é um ministério que deva ser experimentado somente no sacrifício vicário de Cristo, mas um dom que precisa ser estendido a todos que necessitam se libertar do ódio, do ressentimento, do despeito etc.

Para sermos usados como ministros dessa graça devemos compreender quais são as qualidades inerentes a ela:

AUTENTICIDADE

Em 2 Coríntios, o apóstolo Paulo enfoca a relação entre a velha e a nova aliança. Ele cita o episódio em que Moisés desceu do monte Sinai, após ter conversado com o Senhor, e precisou ficar com um véu cobrindo seu semblante, porque os israelitas não suportariam fitar o esplendor da glória de Deus.

214

MINISTROS DA GRAÇA

Conforme 2 Coríntios 3.16: *"Quando, porém, algum deles se converte ao Senhor, o véu lhe é retirado"*. Paulo explica que, ao recebermos a graça de Deus ocorre uma nova liberdade dada pelo Espírito do Senhor. Ele conclui dizendo que essa liberdade dispensa a utilização de véus e máscaras, como Moisés foi obrigado a usar. Isso, segundo afirma o versículo 18 de 2 Coríntios 3, proporciona o contexto para o crescimento espiritual: *"E todos nós, com o rosto desvendado, contemplando, como por espelho, a glória do Senhor, somos transformados de glória em glória, na sua própria imagem, como pelo Senhor, o Espírito"*. Em outras palavras, Paulo descreve o efeito da graça de Deus atuando em nossas vidas, oferecendo-nos a liberdade da autenticidade enquanto prossegue no processo de nos transformar à sua imagem.

No Capítulo 4, o apóstolo determina seu ministério como autêntico: *"...pelo contrário, rejeitamos as coisas que por vergonhosas, se ocultam, não andando com astúcia, nem adulterando a palavra de Deus; antes, nos recomendamos à consciência de todo homem, na presença de Deus, pela manifestação da verdade"* (2 Coríntios capítulo 2). Para Paulo, a graça nos outorga poder para que sejamos transparentes. Quando o ministro de Deus reconhece que é totalmente aceito pelo Amado, não sente necessidade de utilizar qualquer máscara, ele pode ser quem realmente é. As pessoas mais atraentes do mundo são as autênticas.

Colega pastor, você tem medo de se expor diante de seu rebanho? É muito fácil compartilhar uma vitória dada por Deus, mas no tocante à empatia com seu rebanho, é bem mais impactante relatar uma luta ou necessidade que você esteja enfrentando. A platéia não gosta de ter no púlpito pastores que são fortalezas inexpugnáveis, mas sim um igual, uma pessoa de carne e osso que tem emoções, que passa por necessidades, que acerta e erra, enfim... um ser humano e não um super-homem!

Eu pergunto, você já retirou o véu do rosto, ou melhor, a graça já atingiu seu coração? Seu semelhante pode reconhecê-la atuando em sua vida?

Uma história tocante que ilustra perfeitamente esse conceito é narrada no livro infantil *The Velveteen Rabbit* [*O coelho de pelúcia*], de Margery Willians:

"O cavalinho era o brinquedo mais antigo daquele quarto de mudanças. Era tão velho, que seu pêlo castanho mostrava muitas falhas, aparecendo a costura embaixo dele e a maior parte dos pêlos de sua cauda havia sido arrancada para se fazer colarzinhos de contas. Ele era bastante experiente, pois já vira meros brinquedos automáticos chegarem ali cheios de arrogância, mas com o passar do tempo, quebravam as cordas e 'morriam'. Ele sabia que todos não passariam disso, pois a magia do quarto de brinquedos era estranha, maravilhosa e somente os velhos, sábios e experientes como o cavalinho a compreendiam bem.

- O que é ser 'de verdade'? - indagou o coelhinho, certo dia, quando estava deitado ao lado do cavalinho, perto da lareira, antes de a empregada vir arrumar o quarto.

- É ter dentro da gente uma coisinha que faz um zumbido e uma chavinha de dar corda?

- Ser 'de verdade' não tem nada a ver com a maneira como somos feitos, respondeu o cavalinho. É uma coisa que nos acontece. Quando uma criança nos ama durante um longo tempo, isto é, não apenas gosta de brincar conosco, mas nos ama realmente, então passamos a 'ser de verdade'.

- E isso dói? – perguntou o coelhinho.

- Às vezes dói – disse o cavalinho – pois não gostava de esconder a verdade – Mas quando somos 'de verdade', não nos importamos muito com a dor.

- E acontece de uma vez só, como quando nos dão corda, ou é pouco a pouco? – quis saber ele.

- Não é de uma vez só – explicou o cavalinho. A gente vai se transformando. Leva muito tempo. É por isso que aqueles que se quebram facilmente ou têm arestas cortantes ou precisam ser manejados com cuidado, não podem passar por esse processo. De um modo geral, quando afinal nos tornamos 'de verdade', nosso pêlo já foi arrancado pelos carinhos, os olhos já caíram, estamos com as juntas soltas e muito surrados. Mas nada disso tem importância, porque depois que nos tornamos 'de verdade', não somos mais feios, a não ser para as pessoas que não entendem essas coisas."

Querido irmão, para ser um ministro abençoado da graça, você precisa ser "de verdade", autêntico, transparente.

HUMILDADE

A graça oferece oportunidades para demonstrarmos humildade. Para Paulo, Cristo era importante, e não ele: *"Porque não nos pregamos a nós mesmos, mas Cristo Jesus como Senhor, e a nós mesmos como vossos servos por amor de Jesus"* (2 Coríntios 4.5).

Infelizmente, a humildade é diversas vezes mal-entendida. Estereótipos de humildade são confundidos com fraqueza, negação dos dons, das habilidades e capacidades, com uma aparência de tristeza e piedade. Na verdade, existe essa forma de orgulho distorcido que se preocupa em demonstrar debilidade, mas que nada tem de humildade.

Em Romanos 12.3, lemos: *"Porque pela graça que me foi dada, digo a cada um dentre vós que não pense de si mesmo, além do que convém, antes, pense com moderação segundo a medida da fé que Deus repartiu a cada um"*. A palavra graça do versículo 3, é *CHARIS* no grego, a qual é raiz da palavra CARISMA, um dom que Deus põe em nosso coração para que tenhamos uma auto-imagem correta, ou seja, uma auto-estima equilibrada.

O antídoto para não pensarmos sobre nós mesmos além do que convém, não é a autodepreciação, mas um auto-julgamento sóbrio, honesto. Humildade, portanto, não é negar a graça, o dom que Deus nos deu nem focalizar nossa atenção no que não somos e/ou desejaríamos ser.

Muitos pastores, à porta de suas igrejas, lutam interiormente com os elogios que recebem na saída do culto. Amedrontados pelo espectro da soberba, rejeitam em seu coração qualquer palavra de apreciação e não percebem que essa é uma humildade hipócrita. Com essa atitude, deixam de reconhecer o poder do Espírito Santo agindo entre o rebanho, sendo que eles são os instrumentos utilizados para derramar força, poder e ânimo divinos.

VULNERABILIDADE

A graça também abrange a capacidade de ser vulnerável. O apóstolo Paulo descreve seu relacionamento com a igreja de Corinto e se autodesigna como servo (2 Coríntios 4.5).

MINISTROS DA GRAÇA

O servo revela sensibilidade às necessidades, às feridas, às alegrias e às tristezas daqueles a quem se dedica. O apóstolo serviu a igreja de Corinto pagando pessoalmente um alto preço: *"Em tudo somos atribulados, porém, não angustiados; perplexos, porém não desanimados; perseguidos, porém não desamparados; abatidos, porém não destruídos; levando sempre no corpo o morrer de Jesus para que também a sua vida se manifeste em nosso corpo. Porque nós, que vivemos, somos sempre entregues à morte por causa de Jesus, para que também a vida de Jesus se manifeste em nossa carne mortal. De modo que em nós opera a morte; mas em vós, a vida"* (2 Coríntios 4.8-12).

Observe como Paulo denota sua vulnerabilidade ao falar sobre seu ministério. Ele estava pronto a dar de si, a desgastar-se física, mental e espiritualmente. Ele ofereceu todos seus recursos espirituais para o crescimento dos irmãos daquela igreja. É praticamente esperado que experiências como essa resultem em completo esgotamento pessoal.

Em meus trinta e nove anos de ministério, aqui no Brasil, tenho me esforçado para trabalhar como servo da igreja deste país (nem sempre tenho conseguido). Sou de carne e osso, tenho profundas alegrias, mas também dolorosas decepções. Identifico-me muito com as palavras do apóstolo Paulo em 2 Coríntios 4.8-12. Às vezes chego em casa, depois de um dia ou final de semana desgastante, e desabafo com minha esposa. Ela, com coração e ouvidos abertos, ouve coisas como: "Vou 'pendurar as chuteiras'. Estou cansado, desanimado e chateado". - Esse é o lamento de alguém com alma exausta e dolorida.

Nesses momentos, costumo sonhar com uma casinha à beira de um riacho em que diariamente posso jogar minha linha de pesca e fisgar duas trutas. Esse lugar existe. Fica nas

219

montanhas ao norte da Califórnia onde fui criado. Seria um ponto final ao trânsito, à poluição, ao barulho, às viagens cansativas e incessantes, às estradas perigosas etc. Já sei, já sei, no momento não é isso que Deus quer de mim. (Pelo menos, não ainda!) O Senhor tem me segurado diariamente e me dado graça suficiente em meio a grandes necessidades e a inúmeras lutas.

Por isso, me sinto ombro a ombro com Paulo, quando o Senhor o avisou: *"Minha graça te basta, porque o poder se aperfeiçoa na fraqueza"* (2 Coríntios 12.9). O apóstolo era um servo vulnerável. Como ministros da graça de Deus somos livres para mostrar nossas dores e feridas ao nosso rebanho. E à medida que experimentamos o refúgio da Sua graça, Deus passa a nos usar mais na libertação daqueles que estão aprisionados ao pecado. E como é a absorção dessa graça que nos transforma, e não nossos méritos próprios, transferimos a Ele toda a honra. A conscientização de Sua existência em contraste com as tendências e as maldades de nosso coração, nos leva a essa atitude.

Em uma pequena cidade, certo homem soube que seu filho tirara nota zero em uma das matérias do curso colegial, e isso o deixou transtornado. Resolveu, portanto, ir até a escola e conversar com o professor, para interceder por seu filho. A reação imediata desse pai foi culpar aquele educador pela avaliação do aluno. Com uma tempestade barulhenta desencadeando em seu íntimo, entre os relâmpagos e trovões emocionais, ele entrou intempestivamente na sala e desabou palavras de condenação contra aquele professor. Ameaçou reivindicar sua demissão se não mudasse seu parecer. O professor estava sinceramente convencido de que

MINISTROS DA GRAÇA

a avaliação que o jovem recebera era honesta e merecida. Ficou, portanto, firme, mesmo diante de todas as ameaças.

Assim, o pai saiu da sala, procurou o diretor e pediu que interviesse severamente. O diretor, já ciente de tudo, uniu-se ao professor e sustentou sua decisão. Isso só fez que a ira paterna extrapolasse. Desesperado, começou a ameaçar e a tentar intimidar também o diretor. No auge da tensão, os dois fizeram uma pausa. Foi quando o diretor disse:

- Posso perceber que o senhor ama profundamente seu filho!

Naquele instante, a raiva e a ira que controlavam aquele pai transformaram-se em uma balsâmica chuva de lágrimas. Um sentimento de cura inundou a sala. O diretor, que era uma pessoa cheia da graça de Deus, foi usado como canal para que ela fosse derramada na vida daquele homem.

Esse poder de inserir o amor gracioso de Deus em uma situação angustiante vem da graça divina atuante em nossas vidas. O Senhor age no processo da nossa santificação derramando a Sua graça sobre nós. Ela anula qualquer sentimento de amargura, raiva e ressentimento.

Irmãos, diariamente somos chamados a nos submeter à obra do Espírito Santo para, assim, sermos úteis como instrumentos da Sua graça.

Autenticidade, humildade e vulnerabilidade são as qualidades da graça de Deus que o mundo precisa reconhecer claramente em nossas vidas e ministérios.

Senhor,

Quero louvar-Te porque a Tua graça me alcançou. Por meio dela fui chamado para o ministério, para ser um despenseiro Teu.

*Senhor, ensina-me o significado de: "A minha graça te basta".
Quero ser autêntico, humilde e vulnerável para comunicar
ao mundo, tão carente, essa Tua graça que é melhor que a
vida.*

Em nome de Jesus, o receptáculo da graça,

Amém!

Dezoito

QUANDO A ALMA ESTÁ EXAUSTA...

"Nunca soube de nenhuma pessoa que tivesse ficado com esgotamento nervoso por ter feito a vontade de Deus. Ele nunca pede que façamos mais do que aquilo para o qual nos dá forças para fazer. Não é Ele quem nos conduz ao esgotamento".

Lloyd J. Ogilvie

Há alguns anos, recebi a cópia de uma carta, aparentemente escrita por um inglês que sofrera um acidente na construção em que trabalhava. Esse homem queria ser ressarcido em suas despesas com tratamento médico e, como sempre acontece, a companhia de seguros respondeu que necessitava de maiores detalhes: "Como você se feriu? – Por que precisa de todo esse dinheiro?", e muitas outras indagações desse tipo.

Como resposta, o homem escreveu uma minuciosa carta sobre o acidente:

"Prezados senhores,
Estou respondendo à solicitação de informações adicionais, feita por V. Sas.

No item número 3, de seu 'Formulário de Relatório de Acidente', originalmente pus a palavra **queda** como causa de meu acidente, mas V. Sas. afirmaram que eu deveria explicar melhor. Acredito, portanto, que o relato a seguir os satisfaça:

Sou pedreiro. No dia do ocorrido, eu estava trabalhando sozinho no teto do 6º andar de um edifício em construção. Quando completei o trabalho descobri que estavam sobrando 250 Kg de tijolos.

Em vez de levar os tijolos para baixo, manualmente, decidi carregá-los em um barril bem grande e puxá-los com uma corda, usando uma roldana, que felizmente, estava presa do lado de fora no 6º andar.

Amarrando a corda no térreo, subi até o teto, passei a corda pela roldana, pendurei o barril e coloquei os tijolos dentro. Depois voltei ao solo e desamarrei a corda. Agarrei firmemente a ponta, é claro, para ter certeza de que nada aconteceria aos 250 quilos de tijolos.

Como puderam notar no item 11 de seu formulário, peso 67 quilos. Portanto, para minha surpresa, fui levantado do solo rápido demais e não tive a presença de espírito de lembrar de soltar a corda. É desnecessário dizer que não me mantive no chão e iniciei uma rápida subida vertical pelo lado de fora do prédio.

Mais ou menos, na altura do 3º andar encontrei o barril descendo, isso explica minha coluna totalmente comprometida, além de uma fratura grave.

Continuei minha louca ascensão, sem parar, até que os dedos de minha mão direita bateram contra a roldana, felizmente, a essa altura, tive alguma lucidez e fui capaz de segurar firmemente a corda, apesar de toda dor que sentia.

Infelizmente, na mesma hora o barril atingiu o chão e o fundo dele soltou-se. Sem o peso dos tijolos ele pesava agora, *aproximadamente, vinte e cinco quilos. Se observarem novamente o item 11 do formulário, poderão imaginar como iniciei uma rápida descida do lado externo do edifício. Novamente, na altura do terceiro andar encontrei o barril subindo. Agora, o ângulo era diferente, minhas pernas é que encontraram o barril.*

Sofri, também, alguns ferimentos ao cair sobre a pilha de tijolos. Ainda bem que quebrei apenas 3 vértebras. Não achei necessário pôr no relatório como fiquei deitado na pilha com dores, incapaz de levantar-me, olhando os 6 andares vazios acima. Desorientado e exausto, não percebi que quando soltei a corda, fiz que o barril descesse e caísse exatamente em cima de mim."

Pastor, será que acabo de descrever como você está se sentindo? Saiba que, por mais de uma vez, também me senti assim.

A estafa, em geral, vem inserida nas múltiplas atividades ministeriais, tais como horários descabidos em que o rebanho precisa, muitas vezes, ser apascentado, a delicada responsabilidade de lidar com a natureza humana etc. Constantemente os servos de Deus correm perigo e precisam recorrer a medidas preventivas para que o seu mundo interior não desmorone.

Todos nós conhecemos pessoas que, devido ao trabalho ministerial sofreram um estresse significativo. Com isso em mente, quero compartilhar uma passagem a respeito de um personagem bíblico famoso, o rei Davi. Conforme 2 Samuel 16.14: *"O rei e todo povo que ia com ele chegaram exaustos ao Jordão e ali descansaram;"*. São poucas as palavras sobre Davi e sua família, mas são palavras reveladoras e poderosas porque descrevem a tremenda exaustão emocional e espiritual de um grande homem de Deus.

O que levou Davi, sua família e o pequeno exército que os acompanhava a essa situação?

Para responder a essa indagação devemos consultar a Bíblia e retroceder aos eventos que ocorreram à nação e à vida do rei, em 2 Samuel 11.1 a 16.13.

- Davi cometeu adultério – 2 Samuel 11.1-13
- Davi cometeu assassinato – 2 Samuel 11.14-27
- Morreu o filho de Davi – 2 Samuel 12.15-23
- Ocorreu um incesto no lar de Davi – 2 Samuel 13
- Aconteceu um segundo assassinato na casa real – 2 Samuel 13.23,36
- Absalão se afastou e conspirou contra o pai – 2 Samuel 13.37 – 15.6
- Davi e seus familiares fugiram de Jerusalém – 2 Samuel 15.13-16
- Davi foi apedrejado por seus inimigos – 2 Samuel 16.5-13

Considero que diante de todos esses difíceis acontecimentos torna-se até compreensível o porquê de Davi e os que estavam com ele se acharem tão exauridos quando chegaram às margens do Jordão.

Possivelmente, você não está passando ou nunca enfrentou situações tão drásticas como as de Davi, mas mesmo assim pode estar sentindo suas forças se esvaindo como se escapassem pelos próprios poros.

Como reconhecer a aproximação da estafa em nossa vida? Posso sugerir alguns sintomas que devem ser encarados como sinais de alerta (esses indícios são gerais e não restritos apenas aos pastores):

QUANDO A ALMA ESTÁ EXAUSTA...

- EXAUSTÃO EMOCIONAL – Perda de energia, motivação e perspectiva.
- DESPERSONALIZAÇÃO – Não encara as outras pessoas como seus semelhantes, seus iguais.
- FALTA DE PRODUTIVIDADE – redução da realização pessoal.
- SENTIMENTO DE OPRESSÃO – desalento, opressão.
- ARROGÂNCIA – "Eu posso perfeitamente fazer isso sozinho; não preciso de mais ninguém para me ajudar".
- ISOLAMENTO – Afastamento proposital de outras pessoas. Não percebe o perigo iminente de uma séria depressão.
- ADULTÉRIO – O indivíduo passa a encarar o sexo como a única forma de alcançar realização emocional.

Certamente, cada pessoa apresenta ainda outros sintomas, porém, esses já indicam que um perigoso *stress* está rondando sua vida. E, por que os pastores e suas esposas são tão suscetíveis à estafa? Destacarei alguns problemas que costumam exasperá-los:

- PROBLEMA 1: O ministério é difícil de ser controlado porque não se enquadra ao horário comercial;
- PROBLEMA 2: Os pastores são muito vulneráveis à tentação de um relacionamento extraconjugal porque lidam com pessoas carentes, às vezes, não correspondidas em seu amor, e separadas, deprimidas, com problemas psicológicos;
- PROBLEMA 3: As atividades pastorais, freqüentemente, são indefinidas, ocasionando falta de limite e dificuldade em dizer NÃO!

- PROBLEMA 4: O rebanho observa atentamente o pastor e sua esposa. Cada membro constrói suas fantasias em relação ao casal e acha que tem a resposta correta de como a família pastoral deve ser e proceder;
- PROBLEMA 5: Quando o pastor é mal remunerado pela igreja, muitas vezes, sua esposa é forçada a trabalhar. Não raramente, o próprio ministro busca um emprego que o ajude a completar o orçamento. Geralmente, seu salário está diretamente relacionado à freqüência e à generosidade das ofertas.

Houve uma época em que estive beirando o precipício de um enorme esgotamento ministerial. Deus, porém, compadeceu-se da minha situação e providenciou uma pessoa para ministrar ao meu coração, naquele período.

Minha esposa, Judith, e eu fomos convidados a participar de um encontro de três dias com a liderança evangélica em um hotel próximo a Atibaia, interior de São Paulo.

Entre todas as mensagens que ouvimos naqueles dias, uma calou profundamente em minha alma, vindo ao encontro das minhas necessidades.

Dr. Gordon Mac Donald era o palestrante, e eu sou eternamente grato a ele pela elaboração do esboço de seu estudo que quero partilhar com vocês, agora, na esperança de que abençoe sua vida tanto quanto abençoou a minha.

No Salmo 63, encontramos Davi angustiado, transtornado, enfim, emocionalmente esgotado, derramando sua alma diante de Deus. É bem provável que Davi tenha escrito esse trecho de Salmos enquanto fugia de seu filho Absalão. Possivelmente, já sem forças para prosseguir com sua

QUANDO A ALMA ESTÁ EXAUSTA...

batalha interior, o rei buscou refúgio no deserto de Judá e lá, em silêncio e meditação, encontrou alguns lugares de abrigo.

"Ó Deus, tu és o meu Deus forte, eu te busco ansiosamente; a minha alma tem sede de Ti, meu corpo te almeja como numa terra árida, exausta, sem água!" (Salmo 63.1).

Aparentemente, essa é a descrição geográfica de onde ele se refugiara, mas também refletia o íntimo de seu coração, sua depressão, seu desespero, sua angústia, sua desesperança, seu sofrimento interior, seu cansaço.

"Assim, eu te contemplo no santuário" (Salmo 63.2). Esse foi o primeiro abrigo que Davi encontrou. O santuário era seu coração, pois a distância o impedia de visitar o templo em Jerusalém e achar conforto ali. O rei não permitiu que seus inimigos o intimidassem a partir do instante em que ergueu um santuário em seu coração. Como ele mesmo reconheceu, ali ele reencontrava a força de Deus, Sua glória e Sua graça que é melhor que a vida (Salmo 63.3). Os santuários dissipam preocupações, tensões e esgotamento.

Precisamos, no momento de nosso maior desespero, nos refugiar em nosso santuário, buscar e receber o poder de Deus e explodir em louvor: *"...os meus lábios te louvam. Assim cumpre-me bendizer-te enquanto eu viver, em Teu nome levanto as mãos"* (Salmo 63.3,4).O segundo local de abrigo que o rei Davi encontrou em seu estado de exaustão foi o leito. *"No meu leito, quando de Ti me recordo, e em Ti medito, durante a vigília da noite"* (Salmo 63.6). Davi, visto que estava em fuga, não tinha uma cama onde se deitar. Talvez o chão fosse seu leito e uma pedra, seu travesseiro. Naquela noite, à

PASTORES EM PERIGO

beira do rio, talvez ele tenha fixado os olhos no céu coberto de estrelas e relembrado as noites em que, como simples pastor, cuidava das ovelhas de seu pai. Deus o fizera tão forte a ponto de matar um leão e depois um urso enquanto apascentava o rebanho. É possível que também tenha se lembrado do dia posterior à sua luta com o gigante Golias e a maneira como o Senhor lhe deu a vitória. Durante aquela noite, quem sabe tão linda, mas insone, ele tenha meditado sobre a bondade, o poder e a provisão divina sempre ao seu alcance. Seu leito, portanto, se transformou em um lugar de abrigo.

Amado colega, na hora da confusão emocional e da dificuldade pessoal, em nosso quarto, em nossa cama, devemos nos lembrar do passado e de como Deus tem sido imutavelmente fiel conosco.

E, não somente o santuário e o leito foram seus abrigos, mas o rei reacendeu em seu íntimo a certeza da proteção divina: *"Porque Tu me tens sido auxílio; à sombra das tuas asas, eu canto jubiloso"* (Salmo 63.7). Quando Davi pensou no amparo do Pai, veio-lhe à mente o conforto e a segurança de Suas asas.

Quando reflito sobre "as asas" de Deus formam-se duas situações em meu pensamento. A mãe águia quando está com os filhotes no ninho, ao chegar o tempo certo deles aprenderem a voar, ela os empurra para fora, para o espaço vazio. Desajeitados e desacostumados, sem ter ainda desenvolvido o hábito de voar, eles caem vertiginosamente. Tentam equilibrar-se, mas em vão. Então, a águia aparece para auxiliá-los. Ela dá um vôo rasante, põe-se abaixo deles e os ampara, sustentando-os quando caem em suas asas. Ela repete o mesmo exercício diversas vezes com cada um dos

230

QUANDO A ALMA ESTÁ EXAUSTA...

filhotes, até que eles consigam voar. A águia, no entanto, fica por perto, com olhos atentos, protegendo-os de uma queda fatal. É assim que Deus age conosco. *"Como a águia desperta a sua ninhada e voeja sobre os seus filhotes, estende as suas asas e, tomando-os os leva sobre elas, assim o Senhor o guiou"* (Deuteronômio 32.11,12).

A segunda figura que vem à minha mente é a galinha cuidando de seus pintainhos. Ela abre as asas para receber sua ninhada e dar-lhes calor e proteção. Ela reconhece o valor de cada filhotinho sob suas asas, de como aquele abrigo é essencial para eles. Então, oferece seu conforto.

Penso que posso aplicar essas duas metáforas aos instantes de estresse com que nos deparamos. Nossa dor nesses momentos tão sofridos, a sensação de termos sido lançados ao espaço vazio sem forças para tentar alçar vôo são motivos para nos levar a olhar para Deus, confiar Nele na certeza de que Suas asas se abrirão para nos acolher antes da queda fatal, assim como a águia recolhe os seus filhotes. Muitas vezes, é somente na queda que aprendemos a alçar vôo. Mas se isso não ocorrer, se estivermos assustados demais para bater as asas, poderemos contar com o calor e a proteção das envolventes asas do Senhor e ali nos deter quietos, cientes de Sua bondade e amor.

O último abrigo ao qual Davi se recolheu lhe trouxe o amparo definitivo: *"A minha alma apega-se a Ti: a **Tua destra** me ampara"* (Salmo 63.8). Para mim, a destra de Deus significa segurança, proteção, intercessão e autoridade.

Você consegue lembrar de quando era pequeno e seu pai o pegava pela mão para atravessar a rua ou diante de algum perigo? Você sentia segurança quando tinha as mãos de seu pai enlaçando as suas, não é mesmo? A junção de uma grande e forte mão a uma pequena e frágil faz a diferença entre confiança e medo. Naquela noite de aflição para Davi, a destra do Senhor lhe deu a segurança e a proteção necessárias, mesmo quando o inimigo o ameaçava tão de perto.

A Palavra nos diz que Jesus está à destra do Pai, intercedendo por nós. Isso quer dizer que Ele interpreta, explica nossos problemas e pede ao Pai que supra nossas mais duras, sérias e profundas necessidades. Também quando o acusador, o inimigo se apresenta perante Deus para nos acusar: *"... temos Advogado junto ao Pai, Jesus Cristo, o Justo"* (1 João 2.1).

Pode ser que a causa de sua estafa seja um pecado que você não consegue vencer. Saiba, entretanto, que seu Advogado foi à cruz para pagar totalmente o alto preço desse e de outros pecados para poder libertá-lo definitivamente de qualquer peso e sentimento de culpa.

Deus nos dá autoridade e poder para que possamos "pisar a cabeça de Satanás", neutralizá-lo de uma vez por todas e proclamar em triunfo: "Meu Salvador já cancelou este pecado morrendo na cruz por ele. Vai embora daqui, em nome de Jesus!".

Pastor, você já alcançou o rio Jordão, no deserto de Judá, ou está caído ao chão com os músculos doloridos e os ossos quebrados? Neste momento, você precisa correr para os lugares de abrigo. Esconda-se neles, derrame seu coração para Deus, descanse em Suas asas, louve-O e sinta a força de sua destra.

O seu Deus estará ali para encontrá-lo.

Dezenove

EXPECTATIVAS

Aquela noite foi desagradavelmente inesquecível para mim. Eu estava muito cansado. Havia encerrado um seminário para jovens, em Teresópolis, Estado do Rio de Janeiro. Eram, mais ou menos, 17h30 quando saí da cidade para descer a serra rumo à via Dutra e dali para São Paulo. Calculei meu tempo de viagem em, aproximadamente, seis horas. Queria chegar logo em casa.

Nessa ocasião, eu estava sozinho na direção de uma caminhonete. Como tinha muita pressa, não parei para nada, a não ser para lanchar em uma lanchonete na cidade de Resende, pois quando minha fome se manifesta, não dá para ser ignorada!

A uns 20 Km depois de Resende, por volta de 20h30 da noite, olhei distraidamente pelo retrovisor e fiquei surpreso e assustado com o que vi. Densas nuvens de fumaça saíam do escapamento. Imediatamente, consultei o painel para ver se havia algum sinal de alerta, mas tudo estava perfeito, os indicadores não acusavam nada, nenhuma luz piscava.

Assim que consegui localizar um lugar melhor no acostamento, parei o carro e abri o capô. Consegui perceber que uma mangueira se soltara. Com isso, o radiador perdera toda água e, como conseqüência, o motor fundira.

E lá estava eu, completamente só, longe de qualquer posto de gasolina, em uma das estradas mais movimentadas e perigosas do país, com um carro irremediavelmente quebrado, repleto de material (livros, apostilas, fitas de vídeo etc), além de um retroprojetor, sistema de som e uma pasta em que eu guardara o dinheiro das vendas e das inscrições do pessoal que participara do curso - receita que ajudaria a pagar as despesas do escritório da missão.

Fiquei parado ali, orando, pedindo a orientação do Senhor. Confesso que estava apavorado. Decidi fechar a caminhonete, pegar a pasta e começar a andar. Enquanto andava, eu orava. Finalmente, após uma boa caminhada, cheguei a um posto de gasolina, mas ninguém ali se prontificou a me ajudar.

Telefonei para Resende e pedi que enviassem um guincho, com urgência. Sem ter mais o que fazer, a não ser esperar, voltei para o carro.

Para encurtar o relato desse meu drama, o veículo foi trazido para São Paulo e o conserto foi orçado em R$ 10.000,00 (dez mil reais), o que me fez perder a cor e o fôlego!

Ora, o Ministério Lar Cristão estava adquirindo a caminhonete por intermédio de um consórcio, que não era barato. Depois de muito pensar, a única solução plausível que encontrei foi mandar consertá-la e vendê-la. E, com muito pesar, perdi todo investimento que fizera, até o momento, naquele carro.

Minha expectativa, depois que tudo passou, era que o Senhor me mostrasse algo melhor ou equivalente, já que a caminhonete era usada exclusivamente no ministério, evitando que muitas viagens fossem feitas de avião, o que era muito mais caro para as igrejas que nos convidavam. Viagens, para o Nordeste, para Goiás, a serviço do Reino, eram feitas com a *pickup*. Esperei, esperei e... nada!

Enquanto esperava, tive de improvisar maneiras que me facilitassem ir de uma cidade para outra, de um Estado para outro para dar os seminários Lar Cristão. Continuei esperando, esperando e... nada! O céu parecia estar fechado a qualquer possibilidade de resposta!

Esse acontecimento não terminou conforme sonhei e planejei. Fiquei perplexo e em meu coração surgiram alguns questionamentos: "Como Deus pôde me abandonar? O que eu fiz de errado? Comprei o carro com paz no coração depois de ter consultado o Senhor. Será que tenho algum pecado que esteja impedindo que Deus me abençoe? A caminhonete era utilizada apenas para o serviço ministerial, por que Ele permitiu que o motor fundisse? Por quê? Por quê? Por quê?".

Desde essa época, tenho pensado muito em toda problemática que envolve nossas expectativas, e as respostas ou o silêncio divinos.

Reconheço que a fonte de minha frustração não foi o silêncio de Deus, mas sim o fato de minha expectativa não se tornar realidade.

Conclui, gradativamente, que nós, pastores e líderes, idealizamos um alvo para nossa vida e ministério e esperamos que o Senhor responda de uma maneira específica em pelo menos três áreas:

- conforme nosso ponto de vista, a forma séria e sincera como conduzimos nossa vida e ministério deve receber de Deus a resposta positiva que imaginamos.

- o modo como participamos, contribuímos, nos entregamos e nos dedicamos aos outros deve resultar em um comportamento condizente deles.
- devido a nossa tremenda dedicação, Deus derramará bênçãos ilimitadas sobre nós, nossa família e nossa igreja.

Como líderes, tendemos a pressupor que nossas expectativas já estão previamente abençoadas e autorizadas pelo Senhor. Quando se cumprem, ficamos euforicamente mais confiantes. Temos certeza de que Deus está ali perto, ao nosso lado, atento aos mínimos detalhes do nosso cotidiano. Ah, como a vida é maravilhosa e doce!

Contudo, quando nossas esperanças se frustram, perguntamos no mesmo instante: "O que houve?". E se assistimos nossos sonhos desmoronarem um após outro, nossa fé corre o perigo de entrar em crise. Quando duvidamos de nós mesmos, do nosso relacionamento com o Altíssimo e de Sua capacidade em efetuar aquilo que pretensamente julgamos ser Sua vontade ficamos hesitantes, confusos e atônitos.

A vida de João Batista é peculiarmente encorajadora para mim. Não são suas vitórias cumprindo a tarefa de ser o precursor de Jesus Cristo que me encorajam, mas as dúvidas que esse profeta enfrentou quando estava na prisão. Recordemos que ele enviou os seus discípulos até o Mestre para perguntarem se Ele era realmente o Filho de Deus.

Se um grande homem como ele lutava contra dúvidas interiores, quanto mais nós, pastores, vivendo em uma época de tanta incerteza e falta de fé!

Muitos missionários e líderes abandonam prematuramente seu campo de trabalho por essa mesma razão. Pode

EXPECTATIVAS

ser que também tenha sido esse o motivo que levou a esposa de Jó a desabafar em meio a uma crise terrível: *"Ainda conservas a tua integridade? Amaldiçoa a Deus, e morre"* (Jó 2.9b).

Quando desejo que uma situação ou evento de minha vida e ministério se desenrole de certa maneira, e isso não ocorre, algo muda em meu coração, que pode reagir com amargura, depressão, desânimo, desilusão, e até endurecer-se por Deus não ter respondido como o esperado.

A nação israelita é um ótimo exemplo desse fato. Depois de seu miraculoso êxodo do Egito, o Senhor providenciou o suprimento de todas as suas necessidades. Mesmo assim, o povo resmungou e reclamou rigorosamente sobre tudo o que lhe acontecia. Que contraste irônico! Israel esperava que Deus agisse da forma que imaginava, mas não foi assim. Assim, os israelitas perderam a chance de desfrutar da realidade da promessa divina e da bênção de apreciar todas as grandes coisas que o Senhor fez por eles; não usufruíram as alegrias recebidas diariamente por aqueles que têm uma vida solidificada na fé.

Nossa incapacidade em desenvolver um conjunto de expectativas segundo a perspectiva divina pode nos condenar a vagar por um deserto durante toda nossa vida adulta. Também essas esperanças duradouras e irreais têm o efeito de debilitar, minar e, por fim, matar toda nossa vitalidade espiritual. E é essa sua pior conseqüência.

Há uma armadilha satânica muito sutil no questionamento que fazemos de Deus, de nós mesmos e das circunstâncias. Não raramente, nossas conclusões são equivocadas, tendenciosas e emocionais: "Acho que fui abandonado por Deus porque Ele está desapontado comigo e não quer me usar mais", ou ainda: "Já faço parte da lista negra de Jesus".

O resultado dessa autocomiseração é depressão, perda de iniciativa e até infidelidade com o Senhor. Esse círculo vicioso nos faz perder totalmente a confiança. Quando a vida nos surpreende negativamente, nos desesperamos.

Após analisar minha experiência com a caminhonete, e acrescentando àquela outras tantas também bastante dolorosas, verifico que tenho errado em três aspectos:

1. Quando creio que líderes amadurecidos não sofrem as tensões do cotidiano;
2. Quando acredito que ao executar o meu trabalho e levar minha vida dedicadamente, o Senhor deve retribuir como espero;
3. Que Deus deve afastar, e até eliminar, os problemas que desviam a atenção dos pastores e dos líderes da obra que realizam.

Aos poucos, e digo aos poucos porque sou "cabeça dura" e não aprendo rapidamente, estou começando a reconhecer que algumas de minhas expectativas são resultados de pensamentos equivocados sobre o meu Deus e a forma como Ele age.

Quando falo de esperanças irrealizadas vêm à minha mente três verdades bíblicas:

1. A Bíblia apresenta adversidades, lutas e tribulações como parcelas saudáveis e proveitosas no desenvolvimento da fé cristã. *"Meus irmãos, tende por motivo de toda alegria o passardes por várias provações, sabendo que a provação da vossa fé, uma vez confirmada, produz perseverança. Ora a perseverança deve ter ação completa,*

EXPECTATIVAS

para que sejais perfeitos e íntegros, em nada deficientes" (Tiago 1.2-4).

2. Em Marcos 4.14-20 Jesus contou a parábola do semeador. Nela, Ele descreveu alguns tipos de solo onde a semente pode cair. Esses solos são uma alegoria da resposta do povo ao Evangelho. Por exemplo, deve ser mais difícil ver os frutos do trabalho de evangelização em um país muçulmano que aqui, no Brasil.

3. O que comumente encaramos como problemas, são veículos que o Senhor utiliza para nos ensinar lições que não aprenderíamos em qualquer outra situação.

Portanto, cabe-nos desenvolver um conjunto de esperanças bíblicas. Surpreendo-me com as palavras de Paulo, em 2 Coríntios 2.14: *"Graças, porém, a Deus que em Cristo sempre nos conduz em triunfo, e, por meio de nós, manifesta em todo lugar a fragrância do seu conhecimento".*

(Prezado apóstolo Paulo, será que você está ficando louco? Esqueceu, por acaso, tudo o que já aconteceu em sua vida?).

Como um homem que experimentou fatos tão dolorosos, como ele mesmo relatou em 2 Coríntios 11.23-28, pode ressaltar tanto o triunfo, a vitória? Paulo creu e reconheceu que a riqueza do Evangelho fora entregue a homens imperfeitos, vasos de barro (2 Coríntios 4.7). Ele jamais permitiu que sentimentos humanos, como medo e incapacidade, o fizessem sucumbir; aprendeu a aceitar o estresse e as tensões como partes inseparáveis do ministério que desenvolveu.

É preciso "desligar" nossas expectativas das pessoas, pois todos os mortais, mais cedo ou mais tarde, acabam falhando.

O mesmo deve acontecer em relação aos acontecimentos de curto prazo, às pressuposições formadas em bases irreais e aos maneirismos criados pelo mundo evangélico.

É imprescindível aprender a pôr nossa confiança nas promessas de Deus e no Seu tempo adequado para cumpri-las (aos poucos estou aprendendo essa lição, mas ainda tenho muito que aprender nesse sentido!).

O Senhor comprometeu-se, não importa quanto tempo demore, em tornar-nos heróis e heroínas da fé contemporânea (Hebreus 11). Ele está moldando "Abraões" dos dias atuais, homens que esperam, apesar de não ter qualquer motivo visível, concreto, em Suas promessas. Ele deseja encontrar pessoas que, como José, manterão a fidelidade e a integridade mesmo diante de circunstâncias adversas.

Concluindo, creio que a questão essencial sobre nossas expectativas é:

- Em quem ou em quê focalizarei minhas expectações?
- Será que me sintonizarei no tempo exato de Deus, mesmo quando fatores inesperados desviarem meu sonho do seu curso?
- Será que aprenderei a contentar-me mais no Senhor sem precisar de sinais espetaculares para provar que Ele está agindo em minha vida?
- Saberei não ficar emburrado e resmungando quando tudo é contrário à minha esperança?
- Será que Deus é suficientemente poderoso para me oferecer plena satisfação, independente dos resultados, sejam eles positivos, sejam negativos?

EXPECTATIVAS

Se aprendermos a transferir nossas esperanças do visível para o invisível, do tempo limitado para a eternidade, da nossa restrição humana à forma irrestrita Dele agir, para o próprio Deus, então, e somente então, descobriremos, como Habacuque, a única esperança que não desaponta: *"Ainda que a figueira não floresce, nem há frutos na vide; o produto da oliveira mente, e os campos não produzem mantimento; as ovelhas foram arrebatadas do aprisco e nos currais não há gado, todavia eu me alegro no Senhor, exulto no Deus da minha salvação"* (Habacuque 3.17,18).

Meu Deus,

*Ainda não recebi uma resposta do porquê **do motor da caminhonete ter fundido** (ponha aqui a sua situação). Compreendo que o Senhor não é obrigado a me fornecer qualquer explicação. Quero aprender a descansar em Sua soberana vontade quando minhas expectativas não se realizam. Quero me alegrar, tão-somente, em Sua suficiência.*

Pai, ainda não atingi esse alvo. Continue sendo paciente comigo, por favor.

Em nome de Jesus,
Amém

Vinte

"MUITO BEM, SERVO BOM E FIEL!"

> "Não é tolo aquele que dá o que não pode reter, para ganhar o que não pode perder".
>
> *Jim Elliot*

Um dos maiores temores que carrego em meu coração é um dia chegar diante de Jesus, e Ele, tomando-me pela mão, mostrar-me uma imensa tapeçaria onde todos os meus dias, um após o outro, foram tecidos. E, ao olhar o avesso da obra, tristemente perceber que muitos fios foram trançados de maneira errada, prejudicando a plena harmonia da peça. Terei de levantar meus olhos, encarar a face de Cristo e entristecer-me por não ter sido sensível ao Seu plano e, em algumas ocasiões, ter tecido segundo minha vontade.

Desejo ansiosamente ouvir de meu Mestre as seguintes palavras: *"Muito bem, servo bom e fiel..."* (Mateus 25.21). Olho também para as palavras do apóstolo João e procuro aprender com elas: *"Filhinhos, agora, pois permanecei nele, para que, quando ele se manifestar, tenhamos confiança e dele não nos afastemos envergonhados na sua vinda"* (1 João 2.28). Meu maior receio é comparecer envergonhado diante de Jesus.

Conforme entendo, quem abraça o ministério tem duas escolhas: desenvolver um coração despojado e aberto ou um coração mesquinho e fechado. Se optar pela segunda alternativa, certamente terá um caminho mais seguro, pois conseguirá se manter frio e distante das mazelas e sofrimentos do povo carente. Ficará isolado dos que procurarem conforto na sabedoria e bondade de suas palavras e ações. Estará imune a noites mal dormidas preocupando-se com problemas que não são seus. Mantendo-se surda à necessidade humana, essa pessoa não ouvirá as desgraças da vida. Fazendo-se cega, não verá a feiúra que, por vezes, marca nossa existência. Se decidir assumir um coração pequeno e insensível escolherá o caminho mais fácil, com o mínimo de problemas, não sujará suas mãos e pés, não se exporá, não se contaminará. Só que durante o percurso da vida terá de usar viseiras.

A outra opção resultará em um coração generoso e aberto para servir. Será sensível às dores, tristezas e misérias do mundo em que vive. Ao abrir o coração ficará vulnerável, correrá risco, sofrerá decepção, será magoado e machucado. É um caminho duro e sofrido, mas é a alternativa mais compensadora.

Sendo bem sincero, aos 65 anos, depois de trinta e nove anos de ministério, às vezes, tenho a tendência de recuar, de me entregar à falta de coragem e me acomodar. Descansar, curtir mais minha vida, "lagartear" em minha poltrona, ficando apenas quieto, deixando os dias passarem.

Assustam-me novos desafios, porém, em meu íntimo ainda tenho forças que me levam a almejar repetir as palavras que Calebe proferiu aos 85 anos: "Dê-me esta montanha" (que, por sinal, era habitada por gigantes!).

"MUITO BEM, SERVO BOM E FIEL!"

Aos 27 anos, achei que poderia ganhar o mundo para Cristo. Até certo ponto, fui muito ingênuo, exageradamente zeloso em minha impetuosidade. Não posso negar que Deus usou esse espírito aventureiro, esse ímpeto para iniciar um ministério chamado "Vencedores por Cristo". O objetivo era treinar jovens cristãos para ser líderes em suas igrejas, impactar o povo brasileiro com a mensagem do Evangelho e o ministério de música e de louvor.

Somente aqueles que nos acompanharam desde o início sabem das lutas imensas com as quais nos deparamos como pioneiros de um trabalho inédito. Agregar jovens solteiros, moças e rapazes, sob a responsabilidade de mantê-los firmes moralmente; suportar e resolver as pressões financeiras para organizar viagens de evangelismo pelo Brasil; ousar inserir a guitarra elétrica e a bateria em templos em que, até a época, só eram permitidos piano e órgão eletrônico. Esses foram alguns dos motivos de críticas que nos levaram a, muitas vezes até chorando, dobrar os joelhos diante do Senhor. Contudo, se eu tivesse de recomeçar faria tudo novamente. Talvez mudasse algumas coisas devido à experiência adquirida, mas como se diz popularmente, "pegaria o touro à unha" outra vez!

Nós, pastores, precisamos apenas passar os olhos pelos jornais diariamente para lembrar que necessitamos de um coração enorme, atento ao que ocorre a nossa volta, capaz de aceitar os desafios propostos para ajudar ao nosso próximo.

Uma das melhores ilustrações bíblicas dessa sensibilidade e amor pela humanidade está eternizada no encontro de Jesus com a mulher samaritana. Observando com atenção esse fato, podemos ressaltar, ao menos, três conceitos que demonstram o ideal de vida e de ministério do Senhor.

UM CORAÇÃO TRABALHADOR

Logo após Cristo ter completado o Seu ministério de batismos na Judéia, Ele decidiu regressar à Galiléia. As Escrituras contam: *"E era-lhe necessário atravessar a província de Samaria"* (João 4.4). Esse trajeto o levava à antiga cidade de Sicar, e João relata que ali ficava a fonte de Jacó.

Jesus cansado da viagem sentou-se junto à fonte, por volta da sexta hora (meio-dia, horário de almoço). Ele mandara seus discípulos à cidade para comprar alimentos enquanto descansava. Ele precisava repousar, pois concluíra um intenso ministério na Judéia.

Você já deve ter percebido que estamos dentro do túnel do tempo. Retrocedemos ao passado e podemos ver Jesus procurando abrigar-se do sol escaldante. Exausto, Ele fecha os olhos e cochila. De repente, passos leves e apressados aproximam-se da fonte para tirar água. Era uma mulher samaritana.

Jesus a observa discretamente. Se fosse eu, teria pensado o seguinte: "Vou ficar aqui quietinho e continuar cochilando. Para vir tirar água a esta hora, essa mulher deve representar problema. Não vou me envolver. Estou cansado demais. Já atendi multidões nos últimos dias, agora preciso descansar".

Mas Cristo não reagiu assim. Mesmo estando física e emocionalmente debilitado, seu grandioso, amoroso e sensível coração reuniu forças e bondosamente compadeceu-se daquela mulher.

Pessoas de grande coração são assim... Dão de si mesmas até quando suas forças estão se extinguindo. Mostre-me um homem apto para ser recrutado para o ministério, e eu lhe

"MUITO BEM, SERVO BOM E FIEL!"

mostrarei um homem cansado. Mostre-me uma igreja bem-sucedida, e eu lhe mostrarei um pastor exausto. Mostre-me uma organização eficaz, e eu lhe mostrarei um presidente estafado.

Foi algo semelhante ao que acabo de afirmar que o apóstolo Paulo escreveu à igreja, em 1 Tessalonicenses 2.9. *"Porque, vos recordais, irmãos, do nosso labor e fadiga, e de como, noite e dia labutando para não vivermos à custa de nenhum de vós, vos proclamamos o evangelho de Deus".*

- Senhor, ajuda-nos, como pastores, a estarmos dispostos a abandonar nossas áreas de proteção, pondo-nos em lugares vulneráveis, assumindo compromissos de longo prazo, cansando-nos no trabalho do Evangelho e pagando o preço por navegar em mares revoltos.

UM CORAÇÃO ARROJADO

Ao dialogar com a mulher samaritana Jesus demonstrou que Seu coração se dispunha a quebrar barreiras. Vamos ver a narração de João: *"Nisto veio uma mulher samaritana tirar água. Disse-lhe Jesus: Dá-me de beber. Pois seus discípulos tinham ido à cidade para comprar alimentos. Então lhe disse a mulher samaritana: Como, sendo tu judeu, pede de beber a mim que sou mulher samaritana (porque os judeus não se dão com os samaritanos)"* (João 4.7-9).

Diferenças radicais formam algumas das maiores barreiras em nosso ministério.

A mulher samaritana ficou muito surpresa pela maneira como Cristo a abordou, pois os judeus não se relacionavam com os samaritanos. O ódio alimentado entre eles durante

400 anos estava centralizado na pureza da raça. No período do cativeiro babilônico, os judeus mantiveram sua pureza, não se casando com os assírios; já os samaritanos o fizeram.

Essa "contaminação" foi encarada pelos judeus como imperdoável. A partir daí, passaram a vê-los com desprezo, rotulando-os de ilegítimos. Portanto, quando Jesus conversou com a mulher samaritana, Ele transpôs barreiras religiosas e culturais erguidas entre os dois povos durante anos. Além de derrubar esse preconceito em particular, Ele também dirigiu a palavra a uma mulher em público, o que era inteiramente vetado a um rabino judeu. A tradição ordenava que um fariseu fechasse seus olhos à visão de uma mulher. Para os judeus, Jesus ainda acrescentou outra profanação ao aceitar utilizar um utensílio da samaritana, considerado pelos puristas como contaminado.

Visando alcançar a alma da samaritana, Cristo não se deteve ante as barreiras e, superando-as, exibiu Seu coração arrojado e sem preconceito.

Colegas pastores, é muito mais fácil permanecer escondido atrás do púlpito, das doutrinas, das tradições e do gabinete. É muito mais seguro não modificar o culto, não renovar, não ser criativo, pois a quebra de liturgias consideradas "santas" é vista, por muitos, como perigosa profanação! Receio que, diversas vezes, a Palavra de Deus seja distorcida, sacrificada no altar dos convencionalismos e tradicionalismos.

Desculpe-me perguntar, mas você já comunicou o Evangelho ao seu vizinho de forma criativa e amigável? Será necessário que você supere barreiras até conseguir construir uma ponte entre ambos? Agora... Você está disposto a

"Muito bem, servo bom e fiel!"

arregaçar as mangas? Você é modelo para seu rebanho no evangelismo pessoal? Há uma frase de Billy Graham que nos faz pensar: "Hoje, uma das grandes barreiras ao evangelismo, é a 'pobreza' de nossa experiência como pastores".

UM CORAÇÃO COM PERSPECTIVA SOBERANA

João afirma no versículo 4: *"Era-lhe necessário atravessar a província de Samaria".* Jesus poderia perfeitamente optar pelo caminho costumeiro de todos judeus: sair da Judéia, atravessar o rio Jordão e contornar Samaria até chegar à Galiléia. Mas Ele não fez isso. Cristo tinha plena consciência da direção soberana do Pai em Sua vida terrena e partiu em busca de Sua missão e privilégio: salvar vidas. O coração que tem a perspectiva soberana sabe discernir a direção divina. É uma sagrada e reconfortante lembrança recordar: *"O Senhor firma os passos do homem bom, e no seu caminho se compraz; se cair, não ficará prostrado, porque o Senhor o segura pela mão"* (Salmo 37.23).

Nada acontece por acaso na vida do servo de Deus. O Senhor não utiliza levianamente nossas experiências. Nenhum encontro é meramente temporal, pois tem repercussão eterna, como se fosse o desenrolar de uma história em que Deus, em Sua infinita bondade, nos possibilita tomar parte da redenção da humanidade.

Pastor, faça sua escolha. Corações pequenos e mesquinhos são surdos. Não ouvirão as dissonâncias dos problemas que os cercam. Contudo, também não ouvirão a melodia harmoniosa da grande sinfonia de júbilo das almas libertas. Corações arredios e medrosos não se esforçarão para subir as montanhas, mas também nunca sentirão a brisa acariciando seus rostos e nem terão a visão grandiosa que se tem no alto do cume da magnífica criação divina.

Jesus correu riscos, pagou o preço e como resultado salvou a alma da mulher samaritana e de muitos da cidade que, como ela, viram as barreiras da indiferença e do descaso serem vencidas pelo amor e pela solidariedade.

Recentemente, assisti pela segunda vez ao filme "A Lista de Schindler" que novamente me inspirou e impressionou. Uma das situações com a qual fiquei mais tocado nessa história verídica, foi o enorme risco que aquele alemão assumiu para salvar mil e cem judeus de morrerem na câmara de gás. O coração de Schindler, com certeza, era enorme, tão grande que chorou por não ter sido perspicaz o bastante para salvar mais dez, mais vinte, mais mil pessoas.

Querido irmão, a escolha é sua.

Epílogo

Ignace Jan Poderewski, famoso pianista e estadista polonês, tinha um concerto marcado em um dos mais conceituados auditórios da América. Era um evento *black-tie* que reunia toda a alta sociedade local.

Estava na platéia uma senhora acompanhada de seu filho de nove anos de idade. Ela o levou na esperança de que ele se animasse mais em relação aos seus estudos de piano depois de ouvir o virtuoso concertista.

Cansado de aguardar o início do espetáculo e nem um pouco entusiasmado pelo que ia assistir, o menino não conseguia ficar quieto em sua poltrona... Mexia, balançava provocando altos rangidos e, com eles, recebia olhares de desaprovação dos que estavam ao redor.

Em um breve momento de distração da mãe, o garoto deixou seu lugar e correu para a frente daquela imensa sala, atraído pelo magnífico piano de cauda que, imponente e majestoso, parecia chamá-lo ao palco.

Sem titubear subiu as escadas que o separavam do instrumento, sentou-se no banco reservado a Poderewski, colocou sua mãozinha no teclado e começou a tocar um singelo e prosaico "Bife".

Foi neste momento que a platéia, superlotada por sinal, se deu conta do que estava acontecendo. Todos ficaram indignados e muitos reclamavam:

- Quem é esse menino? Onde está a mãe dele? Alguém precisa tirá-lo dali!

Nos bastidores, Poderewski ouviu o alvoroço das vozes e o som daquela simples melodia. Quando compreendeu o que estava ocorrendo, entrou apressadamente no palco sem dar a menor importância à platéia. Chegou suavemente por trás do garoto e, como se fosse abraçá-lo, colocou as mãos no teclado do piano e improvisou um lindo acompanhamento.

Simultaneamente, enquanto tocava com o menininho, que por sinal ficou apavorado, sussurrava aos seus ouvidos:

- Muito bem, está ótimo, continue tocando assim. Isso mesmo! Não desista! Continue firme!

Querido pastor, não é mais ou menos assim que acontece conosco? Depois de termos dado sangue e suor ao ministério, tudo pode parecer tão insignificante quanto tocar o "Bife". E, justamente no instante em que decidimos desistir, o Mestre se aproxima com Seu toque de graça e sussurra:

- Não desista! Continue firme!

- Pastor, você ainda é jovem, dinâmico, entusiasta, alegre, corajoso e visionário? Que bom! Viva o seu momento, mantenha seus ouvidos abertos à voz do Pai e continue caminhando. E mesmo que você não possa se identificar com seus colegas pastores que estão desencorajados e desiludidos procure compreendê-los. Ao longo de anos de ministério a fadiga pode surgir. E, para alguns, a esperança está se desvanecendo.

EPÍLOGO

- Amigo, qual é o seu caso? Em que estágio você se encontra?

Seja qual for, devemos prosseguir em nosso caminho. Atente às palavras de Paulo:

"Portanto, meus amados irmãos, sede firmes, inabaláveis, e sempre abundantes na obra do Senhor, sabendo que, no Senhor, o vosso trabalho não é vão" (1 Coríntios 15.58).

Lutas e dificuldades virão mesmo. Continuamos no mundo, ainda não fomos arrebatados. Falhas, sempre as teremos! Continuamos humanos. Contudo, não podemos perder de vista exatamente isso! Somos vasos de barro para que a excelência do poder seja de Deus, e não nossa!

- Você se lembra do início de seu chamado, do seu primeiro amor ao ministério? Aquele que nos chamou há de nos conduzir, orientar, consolar e suprir para que ao chegarmos na reta final possamos fazer nossas as palavras do apóstolo Paulo:

"Combati o bom combate, completei a carreira, guardei a fé"
2 Timóteo 4.7

"A nosso Deus e Pai seja a glória pelos séculos dos séculos. Amém".
Filipenses 4.20

Sua opinião é importante para nós. Por gentileza, envie seus comentários pelo e-mail editorial@hagnos.com.br

Visite nosso site: www.hagnos.com.br

Esta obra foi impressa na Imprensa da Fé.
São Paulo, Brasil.
Verão de 2020.